KB122135

윤리적 노하우
Ethical Know-How

UN KNOW-HOW PER L'ETICA

Copyright ⓒ 1992, Gius. Laterza & Figli
All rights reserved.
Korean translation copyright ⓒ 2009 by Galmuri Publishing Co.
Korean translation rights arranged with GIUS. LATERZA & FIGLI SPA through EYA(Eric Yang Agency).

이 책의 한국어판 저작권은 EYA(에릭양 에이전시)를 통한 GIUS. LATERZA & FIGLI SPA 사와의 독점 계약으로
한국어 판권을 '도서출판 갈무리'가 소유합니다. 저작권법에 의하여 한국 내에서 보호를 받는 저작물이므로 무단
전재와 복제를 금지합니다.

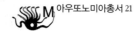아우또노미아총서 21

윤리적 노하우
UN KNOW-HOW PER L'ETICA

지은이 프란시스코 J. 바렐라
옮긴이 유권종 · 박충식

펴낸이 조정환 · 장민성
책임운영 신은주 편집부 김정연 오정민 마케팅 정성용 프리뷰 서창현 강서미

펴낸곳 도서출판 갈무리 등록일 1994. 3. 3. 등록번호 제17-0161호
초판1쇄 2009년 12월 22일
초판2쇄 2010년 11월 11일

주소 서울 마포구 서교동 375-13호 성지빌딩 302호
전화 02-325-1485 팩스 02-325-1407
website http://galmuri.co.kr e-mail galmuri@galmuri.co.kr

ISBN 978-89-6195-022-0 04300 / 978-89-6195-003-9 (세트)
도서분류 1. 사회과학 2. 윤리학 3. 생물학 4. 동양철학 5. 심리학 6. 언어학 7. 인문학

값 11,000원

이 도서의 국립중앙도서관 출판시도서목록(CIP)은 e-CIP 홈페이지(http://www.nl.go.kr/ecip)에서 이용하실 수
있습니다.(CIP제어번호: CIP2009004005)

윤리적 노하우

Ethical Know-How

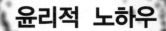

Action, Wisdom, and
Cognition

윤리의 본질에 관한
인지과학적 성찰

프란시스코 J. 바렐라 지음

Francisco J. Varela

유권종, 박충식 옮김

│ 옮긴이 일러두기 │

1. 이 책은 Francisco J. Varela, *Ethical Know-How: Action, Wisdom and Cognition* (Stanford University Press, Stanford : California, 1999)을 번역한 것이다.
2. 지은이 주석과 옮긴이 주석은 같은 일련번호를 가지며, 옮긴이 주석에는 일련번호 뒤에 [옮긴이]라고 표시하였다.
3. 외국인명과 지명은 원어발음에 가깝게 표기하는 것을 원칙으로 하였으나, 특정의 표기가 관행으로 굳어진 경우는 관행에 따랐다.
4. 인명, 도서명 등은 필요한 경우 처음 나올 때 한 번만 원어를 병기하였다.

프란시스코 바렐라(1946~2001)

1968년 칠레 산티아고에서의 바렐라
바렐라는 칠레 대학 생물학 석사과정을 마치고 하바드 대학 생물학과 박사과정에 입학했다.

1970년 하바드 대학 졸업식에서 바렐라와 그의 부모
바렐라는 하바드 대학에서 「곤충의 망막 : 겹눈에서의 정보처리」라는 논문으로 박사학위를 받았다.

1994년 인도 다람셀라에서

1994년 인도 다람셀라에서 달라이 라마와 함께

2001년 칠레 몬테 그란데에서

2001년 칠레 산티아고에서 움베르또 마뚜라나
바렐라는 스승이자 동료였던 마뚜라나와 함께 '오토포이에시스'(autopoiesis)라는 개념을 만든 것으로 유명하다. 또한 두 사람은 공동 작업으로 『오토포이에시스와 인지』(*Autopoiesis and Cognition : The Realization of the Living*, 1980), 『앎의 나무』(*The Tree of Knowledge*, 1987)를 출간하였다.

차례

역자 서문

지금으로부터 거의 10년 전에 프란시스코 바렐라를 알게 된 것은 참으로 늦은 일이었지만 동양철학을 연구하는 필자에게는 무척이나 의미 깊은 사건이었다. 왜냐하면 그 이후로 학문 연구의 방향에 커다란 변화가 생겼고, 또한 그로 인해서 연구에 많은 희열이 찾아왔기 때문이다. 바렐라를 알게 된 것은 인공지능을 전공하는 박충식 교수와의 만남에서 비롯된 것이고, 인지과학의 급진적 구성주의 계열을 소개받으면서 거센 학문적 호기심이 일어나게 되었다. 맨 처음에 읽었던 것은 바렐라와 에반 톰슨이 공동으로 저술한 『체화된 마음』*Embodied Mind*[1]이었고, 이후 바렐라가 그의 스승인 움베르

1. [옮긴이] 한국에서는 『인지과학의 철학적 이해』(석봉래 옮김, 옥토, 1997)라는 제목으로 번역되었다.

또 마뚜라나와 함께 저술한 『앎의 나무』*The Tree of Knowledge*를 공부하게 되면서 바렐라의 관심사에 대해서 많은 공감을 할 수 있게 되었다. 그러한 공감은 그들의 관점과 이론이 유교의 윤리와 유학자들의 수양론의 현대적 해석에 매우 유용하리라는 믿음을 넘어서서 그들이 접근하고 있는 미지의 영역에 대한 탐구의 열정에 대한 존경과 동경으로까지 발전되었다.

당시에 박교수와 필자는 의기투합해서 〈한국학술진흥재단〉에 연구비를 지원받아서 공동연구를 해보자고 했었고, 실제로 그렇게 지원한 결과 연구비를 지원받게 되었다. 연구비를 받아서 수행한 연구는 "성리학적性理學的 심성心性모델 시뮬레이션을 이용한 유교 예禮교육 방법의 효용성 분석"이라는 주제의 연구였다. 이는 한국의 전통적 유교사상인 성리학에서 강조한 예교육이 과연 현대사회에서도 효용이 있는 것인가, 있다면 그것은 어떻게 설명할 수 있을까 하는 문제에 답하기 위한 연구였다. 이 연구는 필자의 전공인 한국유학과 교육학, 인공지능의 세 분야가 연결된 학제간 연구였다. 이 번역에 참여하지는 않았지만 교육학 분야에서 이 구성주의 이론을 소화하면서 교육학과의 연관성을 밝혀주고 그 이론적 연관의 체계를 만들어준 강혜원 교수와 박교수 및 필자는 매주 또는 격주로 만나서 진정한 학제간 연구를 실천하고자 노력했다. 우리가 그렇게 만나면서 했던 일은 상호 소통이 잘 되지 않는 개념이나 이론을 서로 묻고 확인하면서 학문 분야 간 소통의 폭과 깊이를 넓히려는 노력이었다. 그 노력의 효과를 높이고자 우리가 선택한 방법 중 하나가 공동의 교과서를 정해서 함께 강론하는 것이었다. 그래서 우리가 선택하여 함께 읽었던 서적 가운데 하나가 바로 지금 우리가 번역한 바렐라의 저서이다. 특히 이 서적은 우리가 필요로 하는 이론과 관점들을 담고 있어서 우리는 이것의 해독에 매우 적극적인 노력을 기울였다. 이것을 읽으면서 필자는 매우 새로운 시각에 흥분했으며, 그리고 이를 계기로 바렐라의 관점과 방법론에 더욱 많은 관심을 가지게 되었다.

이 시기에 필자는 인지과학 혹은 인공지능의 이론들을 접하면서 유교의 전통적 사유 구조를 현대 학문의 관점에 의해 재해석하는 것이 필요하다는 점을 새삼 깨닫게 되었다. 그러나 수많은 조류의 현대학문이 존재하고 또 외부로부터 수용되고 있었지만, 모두가 적절한 것은 아니었다. 우리가 적절하다고 판단해서 고른 것이 급진적 구성주의 계열의 인지과학 이론, 그 중에서도 특히 바렐라와 마뚜라나의 이론이 될 수 있었던 것은 어느 학자들보다도 그들의 연구가 도달한 지적 탐구의 깊이와 폭 그리고 일관성이 우리를 매료시켰기 때문이다. 그리고 그것이 유교의 수양론 뿐 아니라 유교를 비롯한 사상 문화 전반의 생멸과 진화에 관해서 더 신축성이 큰 설명력이 있다고 판단되었던 것도 중요한 이유이다.

유교라는 전통 사상의 현대적 유용성을 주장할 수 있으려면, 나아가서 유교라는 전통사상의 존재의 가치를 확인하고자 하기 위해서는 현대적 학문 방법 특히 철학 외적인 학문 방법의 동원과 응용이 필요하다는 점을 깨달은 것이다. 그러나 학제간 연구가 쉬운 것

은 아니었다. 특히 공동 연구에 들어온 타 전공분야의 생소한 개념
을 이해해야 하는 과정은 매우 긴 시간이 요구되었고, 한국 유학의
원전을 읽어야 하면서도 많은 시간을 인지과학 서적을 탐독하는 데
들이는 것도 어느 한쪽이든 더 심화된 연구로 나아가기 어렵지 않
겠는가 하는 의구심을 내내 떨치기 어려웠다.

그러나 우리의 첫 번째 연구가 소기의 성과를 거두고 다시 "인
지과학적 시뮬레이션을 통한 조선朝鮮 성리학性理學의 예禮 교육 심성
心性모델 개발"이라는 주제로 〈한국학술진흥재단〉의 연구비를 지원
받으면서 우리는 본 연구 자체의 지속과 확장을 꾀하면서 동시에
더 많은 연구 동참자를 만드는 것이 필요하다고 생각했다. 그렇게
해서 여러 가지 시도를 하고 있지만, 그 중에 이 서적을 번역해서
널리 읽힐 수 있도록 하는 작업도 포함되었다. 사실 이 번역은 함께
강독과 토론을 하면서 이미 기획되었던 것이다.

필자가 박교수와 함께 이영의 교수를 찾아간 것은 1999년 추석
연휴 기간이었다. 박사학위를 받기 위하여 뉴욕주립대학 빙햄턴에
서 연구를 하고 있던 이영의 교수는 한국에서 갑자기 찾아온 우리
들을 매우 융숭하게 그리고 친절하게 맞아주면서 우리 연구와 관련
하여 많은 정보를 주었는데, 우리는 이교수 댁을 떠나 뉴욕 맨하탄
으로 향하는 열차 안에서 이 번역을 함께 검토하면서 갑론을박하기
도 했었다. 그리고 뉴욕시내에 머무는 기간 동안에도 이 번역 원고
를 붙잡고 토론하기도 했었다. 번역은 무사히 마쳤지만, 사실 두 사
람 모두 이런 번역은 처음이라 자신도 없었다. 또 원래 이 서적이

이태리어로 된 바렐라의 강연 원고를 영어로 번역한 것이어서 영어 문맥에 소통이 잘 안 되는 부분도 많았으며, 아울러 필자에게는 생소한 인지과학 개념들이 넘쳐나서 사실 번역서로 출판하기에는 많은 두려움이 있었다. 그 때문에 이 원고를 묵혀 둔 것이 거의 5, 6년은 되는 셈이다.

약 4년 전에 베를린 대학에서 심리학박사학위를 받고 귀국한 최호영 박사를 만나게 되면서 많은 변화와 진전이 있게 되었다. 최호영 박사는 처음에 필자와 같은 학교에 근무하시던 심리학과의 최상진 교수님의 소개로 알게 되었으며, 이후 최박사가 『앎의 나무』 번역자임을 알게 되면서 더욱 친밀감을 느끼게 되었다. 그리고 최박사 덕분에 지금 이 번역서의 출판을 맡은 갈무리 출판사를 알게 된 것이다. 이렇게 보면 최박사와의 인연은 이 책을 놓고 본다면 매우 진기한 것이라고 할 수 있다. 그리고 한 가지 덧붙이자면 이 번역 원고의 교정까지도 최박사의 신세를 졌다는 점이다. 물론 오역이나 미흡한 점은 순수하게 우리 역자들의 책임이지만, 아마도 최박사의 협조가 없었다면 이 책은 세상에 나오기 어려웠을 지도 모른다.

이 책은 양으로 보면 단 세 편의 강연원고를 엮은 것이어서 매우 분량이 적은 얄팍한 두께의 책이다. 사실 정신을 똑바로 차려서 읽으면 한 시간도 안 되어서 독파할 수 있는 것이다. 그러나 이 책의 미덕에 주목한다면 그 시간의 길고 짧음은 그리 중요하지 않다. 오히려 사유의 양이 얼마나 확대되느냐 하는 것이 중요한 관심사가 되는 것이 마땅하기 때문이다. 이 책의 미덕은 바렐라의 사상과 그의 연구의 역정이 단 세 편의 강연원고에 배어 있을 뿐 아니라, 인간이 진정한 윤리적 존재가 되기 위해서는 앎이 아니라 실천이라는 방법을 통하여 마음의 체화에 관심을 기울여야 한다는 점을 조리 있게 설파하는 데 있다. 그리고 동양의 전통사상이 주는 지혜의 빛을 어떠한 방식으로 읽고 받아들여야 하는 것인가에 대해서 적절한 답을 주고 있다는 데에 있다.

번역을 완성하고 또 출판하기까지의 전 과정에서 우리에게 도움을 준분들은 일일이 열거하기 힘들 정도로 많다. 그러나 그중에서도 앞서 언급한 최호영 박사, 필자의 다정한 이웃으로서 번역 초기부터 번역원고를 읽어주시면서 번역 문장을 다듬어 주셨던 박교수의 현처이신 이옥희 선생님, 우리의 연구를 독려하면서 용기를 주셨던 이영의 교수님, 우리와 함께 공동연구를 하였던 강혜원 교수님, 또 매달 한 두 번씩 만나면서 마음 연구의 틀과 방법을 논하고 또 마음연구라는 이 외로운 분야의 개척에 동감을 표해주고 함께 노력하고 있는 〈마음연구회〉 회원들이 기억되어야 할 중요한 분들이다. 한 가지 뒤늦게 고마움을 표해야 할 사람은 아리랑방송국의 문건영 기자이다. 바쁜 와중에도 시간을 내서 마지막 교정을 세심하고 정확하게 진행해 준 까닭에 이 번역이 오류를 잡고 더 원문의 맥락을 살릴 수 있게 되었다. 그리고 공동 연구를 기획하면서 항상 젊고도 용기 있는 도전자의 모습을 보여주면서 독려해 준 박충식 교수, 거의 매일 밤에 늦게 귀가하는 남편에게 애정의 표시를 꾸준히 보내준 사랑하는 아내 이영미에게 무슨 감사의 변이 필요하리오.

　아울러 잘 팔리지도 않을 이 책을 출판해주시겠다고 해주시는 갈무리 출판사 사장님, 이 책의 편집을 담당하는 출판사의 직원 여러분께도 머리 숙여 감사를 드린다.

2009년 12월 상도동 정괴서실鼎槐書室에서

유권종 삼가 씀

저자 서문

　원래 이 강의의 초청은 명백히 ― 그리고 처음에는 놀라운 ―
윤리학적 사상의 영역으로 향한 모험을 요청하는 것이었다. 사상의
넓은 스펙트럼과 오랫동안 추구해왔던 개인적 탐구를 보여줄 수 있
는 기회로서 이번 강의는 내게 거부하기에는 너무 큰 유혹이었다.
　독자에게 미리 말하거니와, 나는 내가 최근에 마무리한 『체화된
마음』The Embodied Mind (MIT Press, 1991)처럼 내가 믿는 한 현대 철
학적 생태학으로써 가장 성과가 풍부한 방식으로 이 주제를 다룰
것이다. 한편으로는 철학적 성찰에 필수적인 준거점을 과학적 작업
으로부터 끌어내고, 또 한편으로는 철학적 지평을 넓혀 비서구적
전통을 포함한다. 그럼에도 윤리학은 나에게 새로운 영역이고, 여
기서 이야기해야 하는 것은 다른 무엇보다도 모험심의 소산임에 틀

림없다. 그러나 윤리학은 내가 탐구하고 싶었던 영역이다. 왜냐하면 내가 제안하려는 것과 같이 도덕과는 무관한 (학문적) 틀에서 윤리학을 바라보는 것은 우리의 혼란스럽기 그지없는 세상을 위하여 중요하다고 강하게 믿고 있기 때문이다.

먼저 이번 이탈리아 강의를 가능하게 한 폰다지오네 시그마 타우와 라테르자Fondazione Sigma Tau and Edizione에게 감사를 표한다. 또 첫 강연자 중 한 명이 되는 영광을 안겨준 초청자 로레나 프레타Lorena Preta와 피노 동기Pino Donghi에게 감사드린다. 내가 해야 하는 강의에 어떤 가치가 있든 그들이 이미 시작한 비전 가득한 문화작업에 그것이 도움이 되기를 진심으로 바란다. 또한 호의적으로 이 행사를 주최한 볼료냐 대학과 파올로 파브리Paolo Fabbri에 감사드린다. 그리고 이 강의를 값지고 보람된 경험으로 만들어준 볼로냐의 수많은 진실하고 대부분이 젊은 청중에게 감사드린다.

마지막으로 윤리적 이해를 가르칠 뿐만 아니라 체화한embodied 나의 윤리 스승들인 초걈 퉁빠Chögyam Trungpa와 툴쿠 우르겐Tulku Urgyen에게 영원한 감사를 보낸다.

첫 번째 강의

노하우(Know-how)와
노홧(Know-what)

노하우^{Know-how}와 노홧^{Know-what}

문제의 제기

윤리학은 이성보다는 지혜에 가깝고, 특정 상황에 대해 정확한 판결을 내리기보다는 무엇이 선한 것인가를 이해하기에 가깝다. 나 혼자만의 생각이 아닌 것이, 요즈음 논쟁의 초점이 메타 윤리적인 문제에서 더 첨예한 실천적인 문제를 다루는 논쟁으로 옮겨갔기 때문이다. 그 첨예한 논쟁이란 규범적 원리를 토대로 비참여적이고 비판적인 도덕성_{morality}을 요구하는 사람들과, 선한 것을 규정하는 특정 전통을 토대로 참여적이고 능동적인 윤리를 추구하는 사람들 간의 논쟁이다.

이것은 도덕성과 상황성situatedness 사이의 고전적인 대립이 되살아난 것처럼 보일 수 있다. 도덕성을 옹호하는 측에는 도덕적 판단에 관한 칸트적 전통을 대표하는 위르겐 하버마스와 존 롤스와 같은 탁월한 인물들이 존재한다. 상황성을 주장하는 측에는 헤겔의 후예들이 있는데, 그들의 입장은 찰스 테일러Charles Taylor 같은 철학자에 의하여 잘 표현되고 있다. 그는 최근에 저술한 『자아의 근원』 *Sources of Self*에서 두 진영의 차이점을 명확하게 설명한다.

영어권 세계에서 뿐 아니라 다른 여러 곳에서 현대 도덕철학은 도덕성이라는 좁은 영역에 국한하여 많은 관심을 집중하고 있지만, 도덕성은 이제 앞으로 설명하고자 하는 중요한 연관 관계들의 일부이며, 그 연관 관계들은 도덕성이라는 용어만으로는 이해가 불가능한 것이다. 이 도덕철학은 무엇이 선한 삶인가라는 문제보다 무엇이 옳은 행동인가라는 문제에, 선한 삶의 본질보다 의무의 내용을 규정하는 데 초점을 맞추어 왔던 것이다. 그리고 이 도덕철학에서는 선한 것을 우리의 사랑 혹은 헌신의 대상으로서 또는 주의 혹은 의지의 특별한 초점으로서 개념화할 여지가 존재하지 않는다.[1]

나는 이 논쟁과 관련해 주로 현상학과 실용주의 분야의 저술 속에서 이 논쟁에 관한 최근 논문들에 의지할 것이다. 다른 한편으로 선한 삶은 어떤 것인가를 밝히기 위하여 동양의 세 가지 지혜로운 전통들, 즉 유교, 도가, 불교에서 유래한 주제인 무엇이 선善한 것인

---

1. Charles Taylor, *Sources of the Self : The Making of the Modern Identity* (Cambridge : Harvard University Press, 1980), p. 3.

가에 관한 집적된 사고의 거대한 사상 체계에도 똑같은 흥미를 느낀다. 다음에서 나는 이 비서구인들의 저작들을 조명함으로서 그들의 윤리적 경험을 (서구인들의 사고와) 비교하는 관점을 취할 것이다.

이와 가장 근접한 예에 해당하는 것은 **무엇이 선한 것인가를 알고 그것을 자연스럽게 실천하는 사람을** 현자a wise man라고 부른다는 점을 들 수 있다. 우리가 비판적으로 검토해보고자 하는 것은 바로 (현자의) 이 지각과 행위의 즉각性immediacy 2인 것이다. 이러한 접근은 윤리적 행위를 연구하는 일반적 방법과는 뚜렷하게 대조되는 것이다. 그 일반적 방법이란 행위의 의도를 분석하는 일에서 출발해 특정한 도덕적 판단의 합리성을 평가하는 일로 끝난다.

테일러가 언급한 구별의 의미를 제대로 이해하지 못하는 것은 철학자들만이 아니다. 예를 들면, 다른 사람도 아닌 바로 심리학자인 장 피아제는 『아동의 도덕적 판단』The Moral Judgement of The Child 에서 "우리가 탐구하고자 계획하는 것은 도덕적 행위가 아니고 바로 도덕적 판단"이라고 그의 논의를 시작하면서 마지막에는 "도덕성이 행동의 논리이듯 논리는 사고의 도덕성이다 …… 순수 이성은 이론적 성찰과 일상적 실천 양자의 중개자이다"라는 말로 끝맺고 만다.3 그러나 우리는 우리 자신에게 물어야만 한다. "왜 우리는 윤리적

---

2. [옮긴이] 이것은 어떤 현상이나 상황에 대한 반응에 있어서 이미 그것에 대한 반응의 방식을 체득하고 있는 상태이므로 행위를 유보하고 그 사이에 사고하고 음미하는 일을 하지 않고 즉각적으로 반응하는 것을 말한다.

3. Jean Piaget, *The Moral Judgement of the Child* (Glencoe, III : The Free Press, 1935); cited in H. Drefys, "Towards a Phenomenology of Ethical Expertise", in J. Ogilvy, ed.,

행위에다가 윤리적 판단을 무분별하게 결부시키려고 하는가?"[4] 이 질문에 대하여 대부분의 사람들은 일상적 삶 속에서 실제로 행하고 있는 것을 기술하기보다는 이미 통념화한 (서구식) 견해를 반복한다. 이것이 매우 결정적인 문제이다. 거리에서 맞이하는 일상적인 하루의 생활을 생각해 보라. 당신은 보도를 걸어가면서 곧 있을 회의에서 무슨 이야기를 해야 할까에 대해서 생각하고 있는데 그 때 사고가 일어나는 소리를 듣는다. 당신은 즉각적으로 당신이 도울 수 있을지를 살핀다. 다른 상황을 생각해보자. 당신은 당신의 사무실에 있고 대화가 잘 이어지다가 어떤 화제가 당신의 비서를 당황스럽게 만든다. 당신은 즉각적으로 그 비서의 곤혹스러움을 알아차리고 재치 있는 말로 대화를 다른 화제로 돌린다. 이러한 종류의 행위들은 판단과 추론reasoning으로부터 싹터 나오는 것이 아니라 오히려 우리가 직면하는 것들에 대한 즉각적 대응능력immediate coping으로부터 나오는 것이다. 우리는 다만 그 상황이 그 동작들을 우리 자신으로부터 끌어내기 때문에 그러한 행위들을 한다고 밖에 말할 수 없다. 그러나 바로 이러한 동작이 진정한 윤리적 행위들이고, 사실 이러한 동작이 우리의 일상에서 일어나는 가장 일반적인 종류의 윤리적 행동들이다.

그러나 현재 학문경향은 이러한 일상적인 윤리행위를 "어떤 중심적 나"a central *I*가 의도적으로 의지에 의해 행동을 하는 상황과는

Revisioning Philosophy (Albany : SUNY Press, 1991).

4. [옮긴이] 사람에게서 어떠한 윤리적 행위가 발생하면 그것이 꼭 일정한 윤리적 판단(사유)을 거쳐서 나온 것으로 생각하는 것이 과연 정당한가에 대한 질문이다.

26 윤리적 노하우

대조적인 것으로 본다. 예를 들면, 나는 유고슬라비아에서 벌어지는 처참한 내전에 관한 신문기사를 읽고 희생자들을 위한 구호 운동에 힘을 보태달라고 친구에게 전화를 한다. 또는 나의 아이가 학교공부로 어려움을 겪고 있다는 것을 알게 되고 내가 해야 할 일련의 행동들을 생각한 뒤에 아이의 숙제를 도와주기로 결정한다. 이러한 상황들 속에서 우리는 그 행동이 "우리 것"이라고 느낀다. 우리는 우리가 성취하고자 하는 목적을 통해서 우리가 하는 행동이 무엇인가를 설명할 수 있다.

우리의 도덕적이고 윤리적인 행위의 어떤 면은 그러한 일련의 판단과 정당화에 기초한다는 것은 매우 분명하다. 그러나 우리는 우리의 일차적이고 더욱 흔한 방식의 윤리적 행위를 단순히 반사적이라고 간과할 수도 없고, 간과해서도 안 된다. 이러한 흔한 방식의 윤리적 행위에 대한 탐구부터 시작해보는 건 어떨까? 그리고 왜 그 탐구가 노하우know-how와 노홧know-what 사이에 존재하는 차이점, 자발적인 대처와 이성적인 판단의 사이에 존재하는 차이점에 대한 이해를 이끌어 내는지의 여부를 보는 건 어떨까?[5]

---

5. 이 중대한 관찰을 하게 된 것은 인지에 있어서의 감각과 운동을 조절하는 중심적 역할에 관한 나의 견해에서 영향을 받은 것이고[cf. H. Maturana and F. Varela, *The Tree of Knowledge*, 2d ed. (Boston : Shambala, New Science Library, 1992)], 그리고 다음에 서술될 세계의 지혜의 전통들에 관한 나 자신의 경험에 의하여 고무된 것이다. 그러나 나의 이 작업은 기술들(skills)과 그것들의 윤리적 중요성을 다룬 현상학에 관한 Hubert Drefys의 최근 작업들에 기초하고 있다. H. Drefys and S. Drefys, "What is Expertise? A Phenomenological Account of the Development of Ethical Expertise", in D. Rassmussen, ed., *Universalism versus Communitarianism* (Cambridge : MIT Press, 1990), and H. Drefys, "Towards a Phenomenology of Ethical Expertise"를 보라. 다음 글들에서 이 논문들로부터 드레퓌스에 의해서 선택된 몇 가지 핵심적인 철학적 내용의 인용문들을

이제 우리는 이 강연들의 핵심이 되는 상호 관련된 두 개의 물음을 던지지 않을 수 없다.

1. 우리는 윤리적 노하우를 어떻게 이해해야 하는가?
2. 인간에게 윤리적 노하우는 어떻게 발전하고 풍성해지는가?

인지과학에서의 즉각적 대응

첫 번째 질문에 답하기 위하여 먼저 명확히 해야 할 것이 있다. 그것은 바로 마음과 앎knowing을 연구하는 과학, 즉 앞으로 다룰 인지과학 측면에서 본다면 이러한 즉각적 대응에 관한 기존의 연구가 너무 부진하다는 사실이다.

오래된 문제를 위한 새로운 형식

"합리주의적", "데카르트적", "객관주의적", 이러한 용어들은 최근의 지배적인 전통을 특징짓기 위하여 사용된다. 그러나 지식과 인지에 관한 우리의 이해를 재검토한다면, 우리의 전통을 가장 적절하게 표현하는 용어는 "추상적"이라는 말이다. 그 동안 대단히 "당연하다"고 생각되어온 지식의 단위를 가장 적절하게 표현한 것

여러 번 인용할 것이다.

이 바로 추상적이란 용어이다. 일반적인 것과 형식적인 것, 논리적인 것과 잘 정의된 것, 기술된 것the represented과 예측된 것the foreseen 으로 이루어진 심원한 분위기를 지향하는 경향이 우리의 서구세계를 특성화하는 것이다.

그러나 지식과 인지를 다루는 과학들의 느슨한 연합 — 인지과학 — 속에서는 이러한 그림이 전도되었다는 사실, 그리고 근본적인 패러다임의 전환이 임박했음을 알리는 일종의 학문적 확신이 서서히 성장하고 있음을 보여주는 강한 징후가 존재한다. 새롭게 등장한 이 견해의 핵심에는 다음과 같은 사실들이 뚜렷해지고 있다. 우선 지식의 기본적 단위는 일차적으로 **구체적이고**concrete, **체화되고** embodied, **통합적이고**incorporative, **살아있는 것**lived이라는 사실, 그리고 대체적으로 지식은 상황적이라는 사실, 지식의 독특성, 즉 지식의 역사성과 맥락은 어떤 추상적인 형태의 본질을 감추고 있는 껍데기에 불과한 것이 아니라는 사실이다. 구체적인 것은 어떤 다른 것을 향해 가는 중간 단계가 아니다. 그것은 우리가 존재하는 곳이고 동시에 우리가 존재할 곳에 다가가는 방법인 것이다.

아마도 매우 실용적인 분야인 인공지능 분야에서 나타나는 점진적인 사고의 변화보다 이런 경향을 잘 예증하여 주는 것도 없을 것이다. 인공지능의 (그리고 일반적으로 인지과학의) 처음 30년간 (1950~1980)의 연구는 전적으로 **계산주의자들**computationalists의 패러다임에 기초하였다. 이 패러다임에 의하면 지식이란 논리와 비슷한 규칙logic-like rules에 의하여 상징들을 조작하는 것인데, 그것은 현대의 디지털 컴퓨터와 같은 방식으로 지식의 완벽한 표현을 찾으려는 생각이다. 처음에 인공지능 연구자들은 자연언어 번역 또는 "일반적 문제 해결자"GPS, General Problem Solver를 고안하는 것과 같은 가장 일반적인 문제들을 해결하는 데에 관심을 집중하였다. 고도로 훈련된 전문가의 지능에 필적하려는 이러한 시도는 흥미롭고도 어려운 인지의 문제에 달려드는 것으로 간주되었다. 그러나 이런 시도가 몇 년에 걸쳐 실패를 거듭하자 연구자들은 좀 더 소규모의 도전을 시작했다. 얼마 지나지 않아 가장 평범한 일들조차, 심지어 매우 작은 벌레들이 수행하는 일들조차 계산주의 전략으로는 파악할 수 없는 영역에 속한다는 사실이 분명해졌다. 어느덧 초기의 낙관주의는 사라지고 인공지능의 이름에 걸맞은 성공을 위해서는 무엇보다도 단순한 행위들의 상황적 체화the situated embodiments of simple acts를 이해하지 않으면 안 된다는 확신이 점점 더 설득력을 얻게 되었다.[6]

사실 일부 연구자들은 인지를 제대로 이해하려면 유기체라는 자율적 총체성으로부터 어떻게 의미significance가 생겨나는지를 밝혀야 한다고 항상 믿어왔다. 역설적이지만, 이러한 직관을 훌륭한 연구로 변형시킨 장 피아제Jean Piaget가 좋은 예가 된다. 어린이들이 감각운동 행위를 통하여 자신들의 세계를 형성해 가는 방법을 연구함으로써 그는 다름 아닌 지각적 대상의 구성이 어떻게 개체 발생

---

6. 최근에 발표된 논문들은 이러한 논지와 매우 명확하게 관련되어 있다. 이와 관련해서는 L. Steels and R. Brooks, eds., *The Artificial Life Route to Artificial Intelligence : Building Embodied, Situated Agents* (New Haven, Conn.: Lawrence Erlbaum Associates, 1995)를 보라. 여기에는 나의 논문 "The Re-enchantment of the Concrete"도 포함되어 있다 (11~20쪽).

에 기초하는가를 연구하였다. 피아제는 인지가, 심지어 가장 높은 수준의 인지로 보이는 것조차 유기체 전체의 구체적인 활동, 즉 감각운동 결합sensorimotor coupling에 기초하고 있다는 생각을 정립하는 데 성공하였다. 간단히 말하면 이 세계는 우리에게 주어진 그 어떤 것이 아니고 우리가 움직이고 만지고 숨 쉬고 먹으면서 만들어가고 있는 그 어떤 것이다. 이것이 내가 말하는 "**구성으로서의 인지**"cognition as enaction이다. 왜냐하면 구성이란 실제적인 행함에 의하여 만들어진다는 뜻이 담겨 있기 때문이다.

미시세계들과 미시주체들

길을 걷고 있는 당신 자신을 상상해보라. 아마도 누군가를 만나러 가고 있다. 하루의 일도 끝나고 특별히 해야 할 일도 없다. 느긋한 기분으로 가두판매점에 서서 담배 한 갑을 사고, 그리고 가던 길을 계속 간다. 그리고 주머니에 손을 넣는 순간 불현듯 지갑이 없어진 것을 깨닫는다. 당신의 느긋했던 상태는 산산조각이 난다. 당신의 생각들은 뒤죽박죽이 된다. 그리고 당신도 모르는 사이에 새로운 세계가 나타났다. 분명히 가두판매점에 놓고 왔을 것이라고 생각한다. 당신의 마음은 그 안에 들어있는 물건과 돈을 잃어버릴지도 모른다는 쪽으로 쏠린다. 생각나는 것은 오직 한 가지, 최대한 빨리 그 가두판매점으로 돌아가야 한다는 것이다. 당신은 주변의 가로수와 행인들을 의식하지 못한다. 당신의 관심은 오직 더 이상

지체 없이 빨리 되돌아가는 것에만 쏠려있기 때문이다.

　이 같은 상황들이야말로 바로 우리들의 일상적인 삶의 내용들이고, 그것들은 더 흥미로운 윤리적 상황뿐 아니라 가장 일상적인 상황들을 포함한다. 우리는 '항상' 주어진 상황에 즉각적으로 대응하는 방식으로 움직인다. 우리가 사는lived 세계는 언제든 준비ready-at-hand된 세계이기 때문에 우리는 그 세계가 무엇이고 그 속에서 어떻게 살아야 하는가에 관해서 심사숙고할 필요가 없다. 우리가 친척 또는 친구들과 식사하려고 식탁에 앉았을 때 식탁에 놓인 수저를 다루는 방법, 앉는 방법, 대화하는 방법 등의 복잡한 노하우는 아무런 심사숙고 없이도 나타나는 것이다. 점심을 먹는 우리 자신은 전혀 어렵고 복잡한 것이 없다transparent고 말할 수 있다.[7] 당신은 점심식사를 마치고 사무실로 돌아간다. 그리고 또 그 상황에 맞는 방식대로 말하고 움직이고 사무를 처리할 준비가 되어있다.

　우리는 살면서 처하게 되는 모든 상황에 각각 들어맞는 '행동을 할 채비'a readiness-for-action가 되어있다. 더구나 우리는 하나의 '행동을 할 채비'로부터 또 다른 '행동을 할 채비'로 끊임없이 옮아간다. 대체로 이러한 준비의 이행과 종료는 미미하여서 실질적으로는 지각할 수 없다. 가끔씩 갑작스런 충격을 받거나 예상치 못한 위험에 처했을 때, 그 '행동을 할 채비들'은 압도적인 힘을 발휘한다.

　나는 그러한 행동을 할 채비를 모두 **미시주체**microidentity라고 부

---

7. Fernando Flores가 이 주제에 관해서 나와 동일한 견해들을 가지고 있기에 감사를 드린다. 그의 견해들은 캘리포니아 에머빌에 소재한 그의 자문회사인 Business Design Associates의 내부용 문건들에 기술되어 있다.

르고 그것과 연관되어 살아가고 있는 상황을 **미시세계**microworld라고
부른다. 따라서 어떤 순간에도 '우리가 누구인가' 하는 물음은 '다른
사물과 다른 사람들이 우리에게 무엇 또는 누구인가' 하는 물음과
분리될 수 없다. 이 순간에 우리가 약간의 현상학적 시각으로 이 점
들을 살펴본다면, 일상적인 생활에서 우리가 활동하고 있는 몇 가
지 전형적인 미시세계를 확인할 수 있을 것이다. 그러나 중요한 점
은 이러한 미시세계들의 목록을 작성하는 일이 아니라 그것들의 재
현recurrence에 주목하는 일이다. 즉 핵심은 우리가 상황마다 그에 적
절한 행동을 취할 수 있는 능력이란 반복되는 일련의 미시세계들의
단계별 이행과정을 체화하는embody 데서 오는 것이다. 나는 (미시세
계의) 재현이 항상 어디에나 적합하다고 말하는 것은 아니다. 예를
들면, 우리가 외국에 처음 도착했을 때, 우리는 실질적으로 "빈손"
인 상태[미시주체가 형성되지 않은 상태—옮긴이]에서 외국을 대하게 된
다. 타인과의 수많은 상호관계의 간단한 방법들을 신중히 행하여야
하거나 새로 배우지 않으면 안 된다. 다른 말로 표현하면, 미시세계
들과 미시주체들은 역사 속에서 구성된 것이다. 그러나 일반적으로,
"우리가 누구인가", [혹은 달리 말해—옮긴이] "우리 삶의 일상적 모습
은 어떤가"라는 질문에 대하여 이미 구성되어 있는 미시세계들로
이루어진다고 답할 수 있다.

　　우리가 인간의 경험 영역으로부터 동물의 경험 영역으로 옮겨
가더라도 똑같은 방식의 분석이 가능하다. 그 가운데 극단적인 경
우를 예시하여 보기로 한다. 즉 생물학자들은 어느 때인가 무척추

동물은 대단히 적은 수의 행동 형태들을 지닌다는 것을 알게 되었다. 예를 들면, 바퀴벌레는 다만 일어서기, 천천히 걷기, 빨리 걷기, 달리기의 네 가지 기본적인 운동 양식들을 가지고 있을 뿐이다. 그럼에도 불구하고 이 기본적인 행동 형태들을 가지고 바퀴벌레들은 지구상의 자연적 환경이든 인공적 환경이든 어떠한 환경에서도 무리 없이 다닐 수 있다. 그 생물학자에게 핵심적인 질문은 다음과 같은 것이다. "이 동물은 주어진 상황에 적응하기 위하여 어떤 운동 동작motor action을 취할지를 어떻게 결정하는가?", "이 동물은 적절한 운동 동작을 어떻게 선택하는가?", "예를 들면, 그 동물은 주어진 상황이 천천히 걷기와 구별되는 달리기를 요구한다는 점을 어떻게 판단하는가?"

두 가지 극단적인 경우들, 즉 일상생활에서의 즉각적인 대응 방식이 혼란breakdowns에 봉착한 사람의 경험의 경우와, 한 상황에서 다른 상황으로 이행하는 순간의 단순한 동물의 행위라는 경우는, 별다른 차이가 없어 보이지만 실은 대단히 현격한 차이가 있는 방식들로서 대응하는 것이다. 그러한 혼란 시점마다 그 인지 행위자 the cognitive agent는 [사람이든 동물이든— 옮긴이] 그 다음에 구성될 방식을 간단히 결정하는 것도 아니고 단순하게 계획하는 것도 전혀 아니다. 오히려 그 때의 구성은 그 행위자 일생의 역사 전반에 근거해서 적절하게 이루어진 입장에서 취하게 되는 상식적 **창발**의 산물인 것이다. 일단 어떤 행동 태세가 선택되거나 어떤 미시세계가 생겨나기만 하면, 우리는 그것이 작동하는 유형과 그것의 최선의 전략을 분명하게 분석할 수 있다. 실제로 자율의 핵심은 생명체가 자신의 자원을 바탕으로 적절하게 행동함으로써 다음 단계로 옮아가는 나름의 방식을 찾는 것이다. 그리고 미시세계들을 잇는 연결점hinge에 해당하는 이 혼란이야말로 살아있는 인지living cognition의 자율적이고 창조적인 측면의 원천이다. 우리는 이렇게 생겨난 상식common sense을 미시 수준에서 연구할 필요가 있다. 왜냐하면 바로 이 혼란의 **순간**에 구체적인 것이 태어나기 때문이다.

구성으로서의 지식knowledge as enaction

이제 "체화된"이라는 용어가 의미하는 바를 더 상세하게 설명해봄으로써 이 문제들을 자세히 살펴보도록 하자. 체화는 다음과 같은 내용들을 함축한다. (1) 다양한 감각운동 능력을 갖춘 신체를 지니고 있는 데서 오는 여러 종류의 경험들에 인지가 의존하고 있다는 점, (2) 개체의 감각운동 능력들 자체가 더 포괄적인 생물학적, 문화적 맥락 속에 뿌리내리고 있다는 점이 그것이다. 이 두 가지 사항은 이미 언급했던 것이지만, 여기서 나는 이것들의 신체적 특성을 더 자세히 살펴보고자 한다. 그리고 그럼으로써 살아있는 인지에서 감각과 운동의 과정이, 지각과 행동이 근본적으로 분리될 수 없다는 점을, 그저 우연히 입력과 출력의 쌍으로 연결되는 것이 아니라는 점을 다시 한 번 강조하고자 한다.

이러한 생각을 더 정교히 하기 위해서 **인지에 대한 구성적인 접근**

enactive approach to cognition 8이라는 개념이 무엇인가라는 의문에 대한 답으로 대강의 형식을 주겠다. 간단하게 보면 구성에 의한 접근은 상호 관련된 두 가지 사항의 중요함을 강조한다. (1) 지각perception 은 지각에 의해서 인도되는 행동으로 구성된다. (2) 인지구조는 지각에 의하여 행동이 인도될 수 있도록 하는 반복적인 감각운동의 일정한 형태들로부터 창발한다. 이 두 가지 사항은 이야기가 진행됨에 따라 명확해질 것이다.

먼저 지각에 의하여 인도되는 행동이라는 개념부터 다루어보자. 주류를 이루는 계산주의자의 전통에 의하면 지각을 이해하기 위한 출발점은 대단히 추상적이다. 지각이란 곧 이 세계에 이미 존재하는 속성들을 재현하는 정보처리의 문제라고 간주하기 때문이다. 그러나 구성에 따른 접근방식에 의하면, 지각을 이해하기 위한 출발점은 지각자가 현장적 상황들local situations 속에서 어떻게 자신의 행위들을 이끌어 가는가 하는 점을 연구하는 것이다. 지각자의 행동의 결과로서 이러한 개별적 상황들은 끊임없이 변화해 가는 것이기 때문에, 지각을 이해하기 위한 준거점은 더 이상 지각자로부터 독립해 이미 존재하는 세계가 아니다. 오히려 준거점은 인지적 행동 주체의 감각운동 구조, 다시 말해 감각경계와 운동경계가 신경계를 통해 연결되는 방식이다. 그 지각자가 어떻게 행동할 수 있고, 외부 사건들에 의하여 어떻게 변화될 수 있는지를 결정하는 것은 이미 주어진 어떤 세계가 아니라 바로 이러한 구조인데, 이러한 구조는

---

8. F. Varela, *Connaitre : Les Sciences Cognitives* (Paris : Seuil, 1989), Varela, Thompson, and Rosch, *The Embodied Mind*를 보라.

그 속에서 지각자가 체화되는 방식이다. 그러므로 지각에 대한 구성적 접근방식에 관한 총체적인 관심은 지각자로부터 독립해서 존재하는 세계를 어떻게 재현할 것인가가 아니다. 오히려 그것은 **지각자에 따라 달라지는** 세계 안에서 **지각적으로 인도된** 행위가 어떻게 가능한지 설명하기 위하여 감각운동 체계 사이의 일반적인 원칙 또는 타당한 연계lawful linkages를 결정하는 것이다.

이렇게 구성에 의한 인지를 지지하는 입장의 주된 관심은 기존에 수용되어 왔던 견해와는 대조적인 것이다. 기존의 견해에 의하면 지각이란 근본적으로 현존하는 환경의 정보들을 하나씩 추가해 감으로써 물리 세계의 일부를 있는 그대로 재건하는 것이다. 그러나 구성에 의한 인지를 밝혀보려는 입장에서는 실재란 구성되기 이전에 존재하는 것이 아니다. 실재란 지각자에 종속된 것이다. 그 이유는 지각자가 그 자신이 원하는 대로 실재를 "구성"하기 때문이 아니라 무엇이 중요한 세계로 **간주**되는가 하는 점이 지각자의 구조로부터 분리될 수 없기 때문이다.

행동이 지각에 의해 인도된다는 것을 설명하는 고전적인 예증 가운데 하나는 헬드R. Held와 헤인A. Hein의 연구이다. 그들은 새끼 고양이들을 어둠 속에서 키우다가 그들을 통제된 조건하에서만 빛에 노출시켰다.9 첫 번째 집단의 고양이들은 평범하게 여기 저기 돌아다닐 수 있게 했다. 그들에게는 작은 바구니를 끌게 했는데, 그 바구니에는 두 번째 집단의 고양이가 들어있다. 그러므로 이 두 집단

---

9. R. Held and A. Hein, "Adaptation of Disarranged Hand-Eye Coordination Contingent upon Re-afferent Stimulation", *Perceptual-Motor Skills* 8 (1958) : 87-90.

은 똑같은 시각적 경험을 공유하지만, 두 번째 집단은 수동적일 수밖에 없다. 수 주 동안 이러한 실험을 한 뒤 이 고양이들을 풀어줬을 때, 첫 번째 집단은 정상적으로 활동했지만, 끌려 다니면서 수동적으로 행동했던 고양이들은 마치 눈이 먼 것처럼 행동했다. 이 고양이들은 물건들에 부딪치기도 하고 모서리에서 아래로 떨어지기도 했다. 이 훌륭한 연구가 보여주는 것은 대상들로부터 시각적 특징들을 추출하기 때문에 대상들이 보이는 것이 아니라, 오히려 행동이 인도하는 시각에 의하여 대상이 보인다는 것이다. 즉, [대상에 대한 지각은— 옮긴이] 구성에 의한다는 견해가 타당함을 보여준다. 이와 유사한 결론들이 여러 가지 다른 상황 하에서도 얻어졌으며 심지어 단세포의 차원에서도 그것이 연구되어 왔다.

만약 이 사례가 고양이에게는 적용될 수 있지만, 사람과는 무관하다고 느끼는 독자가 있다면, 다른 사례를 살펴보자. 리타P. Bach y Rita는 맹인을 위한 비디오카메라를 발명했는데, 그 카메라는 전기에 의하여 발생하는 진동으로써 피부에 수많은 점들을 자극할 수 있다.[10] 그렇게 하여 이 카메라로 잡은 상像들은 일정한 형태의 촉각으로 바뀌는데, 그 결과는 다음과 같았다. 피부 위에 투사된 형태들은 [맹인의 움직임에 의하여 형성되는 것인데 —옮긴이] 그 맹인이 움직이지 않고 가만히 있으면 "어떠한 시각적인" 내용도 감지할 수 없다. 그러나 여러 시간동안 그 시각장애인이 그의 머리, 또는 손, 발을 움직임으로써 그 카메라의 방향을 이리저리 바꾼다면 뚜렷한 변형이

---

10. P. Bach y Rita, *Brain Mechanism in Sensory Substitution* (New York : Academic Press, 1962).

나타난다. 이러한 촉각이 시각으로 변화되면서, 피부 위에 투사된 진동의 형태들은 (감촉으로) 감지되기보다는, 몸의 움직임에 따라 방향이 바뀌는 비디오카메라의 "응시"에 의해서 탐색되고 있는 공간 속에 투사되는 상像들로서 보이고 있는 것이다. 그러므로 "저 바깥에 있는 실제의 사물들을" 경험하기 위해서 그 사람은 실질적으로 그 카메라의 방향을 틀기만 하면 충분하다. 일반적으로 이러한 경험은 지각자로부터 독립해 있는 외부세계의 속성feature들이 인간의 내면에서 재현된 것internal representation처럼 보이지만 실은 지각자의 행위에 의존하여 구성된 것이라는 본질을 잘 보여주는 탁월한 예인 것이다.

감각운동의 형태들로부터 인지적 능력까지

이제 생활 속에서 우리가 더 잘 알고 있는 (일반적) 인지 구조들이, 지각에 의하여 인도되는 행동을 가능하게 하는 반복적인 감각운동의 형태들로부터 창발된다는 주제를 다루어보자. 지금 우리가 꼭 조사해 보아야 하는 것은 어떻게 이 감각운동의 결합이, 종류가 다른 전형적인 인간의 인지적 작용performance들과 연결될 수 있는가 하는 점이다. 그 조사를 하지 않는다면, 우리가 "보다 높은" 인지적 수준에 부여하고 있는 중요성을 감각이나 행동과 같은 "낮은" 수준의 일들에겐 부여하지 않을지도 모른다.

사실 인간의 생활에서 인지적 구조가 순환적인 감각운동의 형태들로부터 창발하는 것이라는 생각은 피아제의 연구프로그램[11]의 핵심이며 인지언어학자인 레이코프George Lakoff와 존슨Mark Johnson의 최근 저술들에서도 주장되어 왔다.[12] 우리는 특별히 그들의 저술들을 참고하여, 체화된 인지 구조에 관한 생각을 제시하고자 한다. 다시 한 번 우리는 그 추상적 사고들로부터 벗어나서 인지에 관한 경험주의자의 접근법을 강조해야만 한다. 레이코프가 말하듯이 그들의 접근법의 핵심적 주장은, 의미 있는 개념적 구조들은 다음의 두 가지 근원들로부터 일어난다는 것이다. (1) 신체적 경험의 구조화된 본성과 (2) 신체의 상호작용에 의한 경험들의 잘 구조화된 측면들로부터 개념적 구조들까지 하나로 연결 지어 볼 수 있는 우리의 능력. 이성적이고 추상적인 생각은 그러한 구조들에 대한 매우 일반적인 인지과정들 — 집중하기focusing, 살피기scanning, 겹치기superimposition, 대상과 배경의 바꾸기(반전反轉) 등 — 을 응용하는 것이다.[13] 그 기본적 생각은 체화된 (감각운동) 구조들이 "경험의 실체"라는 것과 경험적 구조들이 개념적 이해와 이성적 사고를 "자극한다"는 것이다. 나는 지각과 행동은 자기조직화self-organizing의 감각운동의 과정에서 체화된다고 강조해 왔기 때문에, 인지 구조들이 감각운동 작용의 재현되는 형태들로부터 **창발**한다는 가정은 자연스러운 것이다. 어느 경우

---

11. 예를 들어, Piaget의 고전인 *Biologie et Connaissance* (Paris : Gallimard, 1969)를 보라.
12. George Lakoff, *Women, Fire, and Dangerous Things* (Chicago : University of Chicago Press, 1983)와 Mark Johnson, *The Body in the Mind* (Chicago : University of Chicago Press, 1989).
13. George Lakoff, "Cognitive Semantics", in Umberto Eco et al., eds., *Meaning and Mental Representation* (Bloomington : Indiana University Press, 1988), p. 121. 이 논문은 레이코프와 존슨의 경험주의적 접근법에 대한 간략한 개괄을 하고 있다.

이든 중요한 것은, 경험이 언제나 개념적 구조들과 사고의 양상들을 결정한다는 점이 아니라, 경험은 다양한 인지적 영역들에 걸쳐 개념적 이해를 가능하게 하고 또한 그렇게 하도록 강제한다는 점이다.

레이코프와 존슨은 경험의 과정에서 발생하는 인지적 구조의 수많은 사례를 알려준다. 이 모든 사례들을 모두 되돌아보면 본론에서 너무 벗어나게 된다. 따라서 가장 중요한 종류들, 즉 기초적 수준의 범주들 가운데 하나만을 간단하게 논의해보도록 한다. 우리가 늘 끊임없이 상호작용하는 중간 크기의 사물들을 생각해보자. 탁자, 의자, 개, 고양이, 포크, 칼, 잔 등등. 이 물건들은 낮은 수준과 높은 수준의 중간 범주의 수준에 속한다. 예를 들어 한 의자는 낮은 수준에서 "흔들의자"의 범주에 속할 것이지만, 높은 수준에서 그것은 "가구"의 범주에 속할 것이다. 로쉬Eleanor Rocsh와 그녀의 동료들은 이러한 중간 수준의 범주화(탁자, 의자 등)는 심리학적으로 가장 근본적fundamental이거나 **기초적**basic임을 보여주었다.[14] 이러한 기초적 수준의 범주들이 심리학적으로 근본적이라고 생각되는 이유들 가운데는 다음과 같은 것들이 있다. (1) 그 기초적인 수준은 가장 일반적인 수준이며, 이 수준에서 이 범주를 구성하는 요소들은 전체적으로 유사한 형태로 지각된다. (2) 또한 이 수준에서는 범주의 구성요소들과 상호 작용을 하기 위하여 유사한 운동 행위motor action를 사용한다. (3) 이 수준에서는 상호 연관된 속성들의 집합들이 매

---

14. E. Rosch, C. B. Mervis, W. D. Gray, D. M. Johnson, and P. Boyes-Braem, "Basic Objects in Natural Categories", *Cognitive Psychology* 8(1976) : 382-439.

우 명백하다. 그러므로 어떤 한 범주가 기초적 수준에 속한다는 것을 결정하는 것은 이미 주어진 어떤 세계에 사물들이 배열되는 방법에 의하지 않고, 오히려 신체들의 감각운동의 구조와 이 구조로써 가능한 지각의 결과로 인도되는 상호작용들의 종류들에 의한다고 해야 할 것 같다. 기초적 수준의 범주들은 경험적이면서 동시에 체화된 것이다. 유사한 논의가 감각운동의 활동들과 상호작용의 기본적 형태form들로부터 창발하는 심상-도식들image-schemas에 관해서도 가능하다.

노하우와 노홧에 대한 재고찰

인지과학은 다음과 같은 사실들을 자각함이 중요하다고 깨닫기에 이르렀다. 첫째 지각이란 하나의 이미 주어진 세계a pre-given world의 재현recovery속에서 이루어지는 것이 아니라, 오히려 우리의 감각운동의 능력capacity과 분리될 수 없는 세계 속에서, 즉 행동이 유도하는 지각 속에서 이루어진다는 것과, 둘째 "상위의"higher 인지 구조들도 지각에 의해 유도되는 행동의 반복되는 유형으로부터 창발한다는 것이다. 즉 인지는 표상으로 구성되는 것이 아니고 **체화된 행동**으로 구성되는 것이다. 그러므로 우리가 알고 있는 저 세계는 주어진 것이 아니라 오히려 우리의(우리 자신에 의한) 구조적 결합의 역사를 통해서 구성된enacted 것이며, 그리고 구성의 단위를 구별하는 순간적인 계기temporal hinges들은 각각의 상황마다 나타나는 수많은 미시세계에 뿌리를 두고 있다고 말할 수 있다. 이러한 다양한 미시세계들은 인지에 있어서 상식과 창조성 모두를 가능케 하는 원천인 것이다.

그러므로 앎의 과정을 이해하기 위해서는 후기데카르트적 post-Cartesian이라고 부를 수밖에 없는 방법으로 지식을 살펴볼 수밖에 없다. 즉, 그럴수록 지식이란 미시세계와 미시주체들로 이루어진 작은 영역들로부터 만들어지고 있는 것으로 보지 않을 수 없게 된다. 행위의 목록들은 동물의 세계 어느 곳에서나 다양하지만, 모든 살아있는 인지적 존재가 공통으로 가지고 있는 듯이 보이는 것은 구체적인 것에 기초하여 구성되는 노하우인 것이다. 그러므로 우리가 일반화시켜서 표현하는 행위에 관한 지칭들은 '예상되는 행동을 할 채비'readiness-for-action 15의 집합체인 것이다.

다시 말해 인지과학은 '그곳에 있다는 것 자체'just being there, 즉 즉각적인 대응이 결코 단순하거나 반사적인 것이 아니라는 간단한 사실을 이제야 깨닫고 있다. 사실 즉각적인 대응이 가장 "힘든 작업"hard work이다. 왜냐하면 현재 상태로 진화하기까지 장구한 시간이 걸렸기 때문이다. 반면에 혼란의 상황에서 발휘되는 의도적이고 합리적인 분석능력은 진화의 관점에서 볼 때 최근에야 비로소 매우 급속하게 나타난 것이다(이러한 견해 역시 현대의 로봇 공학과 인공생명 연구에 관련된 여러 분야에 토대를 두고 있다).16

---

15. [옮긴이] 이는 앞에 나온 미시세계 행동들의 레퍼토리를 말하는 것이다.
16. P. Bourgine and F. Varela, eds., *Towards a Practice of Autonomous System : The First*

즉각적 대응에 관한 나의 관심은 내가 숙고와 분석의 중요성을 부정한다는 것을 의미하지 않는다. 내가 강조하는 것은 이 두 가지 인지적 형태에 모두 해당되는 역할과 관련성을 이해하는 것이 중요하다는 점이다. 우리가 숙고하게 되고 분석하게 되며, 눈앞에 벌어진 일들을 손쉽게 처리하기 위한 방법을 찾는 초보자처럼 되는 때는 바로 즉각적인 대응이 좌절되었을 때, 즉 우리가 우리의 미시세계에서 더 이상 전문가가 아닐 때인 것이다.[17] 이렇게 볼 때 계산주의자의 인지과학은 주로 전문가의 행동이 아니라 초보자의 행동을 다루어온 셈이다.

드레퓌스Hubert Dreyfus의 지적에 의하면, 듀이John Dewey가 『인간의 본성과 행위』*Human Nature and Conduct*라는 저술에서 이러한 차이점을 분명하게 밝히고 있다. 사실상 우리는 듀이로부터 노하우와 노홧을 구별하는 법을 배울 수 있다.

노하우know-how는 습관을 통해 형성된다고 말할 수 있을 것이다. …… 우리는 걷고 큰소리로 읽고 전차를 타고 내리며 옷을 입고 벗는 등 특별한 생각 없이도 수많은 적절한 행동들을 한다. 이때 우리는 무엇인가 알고 있는데, 그것은 곧 그것들을 행하는 방법을 아는 것이다 …… (만약) 우리가 이것을 지식이라고 부르기로 한다면 …… 이것은 똑같이 지식이라고 불리는 다른 것과, 즉 사물에 관한 지식knowledge of and about things, 사물이 이러저러하다는 지식knowledge that …… 성찰과 의식적 판

European Conference on Artificial Life (Cambridge : MIT Press, Bradford Books, 1992)를 보라.

17. H. Drefys는 H. Drefys and S. Drefys, *Mind over Machine* (New York : Macmillan, 1986) 에서 이 점을 논의하고 있다.

단이 포함된 지식과 다른 종류의 것이다.[18]

요약하자면, 나의 요점은 우리의 정신적 육체적 삶의 대부분은 다양한 즉각적 대응으로부터 오는 것이며, 그것은 명확하고 안정되었으며 우리의 개인적 역사에 근거하고 있다는 것이다. 그것은 매우 즉각적이기 때문에 우리는 그것을 알지 못할 뿐 아니라, 우리 자신이 그것을 알지 못한다는 것조차도 우리는 알지 못한다. 바로 그렇기 때문에 한편으로는 현상학과 실용주의가, 다른 한편으로는 인지과학의 새로운 경향들이 이것을 전면에 내세우기 전까지 이에 주목하는 사람이 거의 없었다. 그러나 아직도 의문은 남아있다. 과연 즉각적 대응 행동과 추상적 판단, 상황성과 도덕성 사이의 구별은 윤리학 연구와 윤리적 숙련ethical expertise에 어떻게 적용될 수 있는가하는 점이다.

---

18. J. Dewey, *Human Nature and Conduct : An Introduction to Social Psychology* (London : G. Allen & Unwin, 1922), p. 177.

두 번째 강의

윤리적 숙련에 관하여

윤리적 숙련에 관하여

윤리의 숙련자

첫 번째 강의에서는 인간의 마음을 연구하는 철학자들과 과학자들이 심사숙고된, 고의적인, 의도적인 분석은 탐구하면서도, 정작 우리의 마음에서 직접적이고 중추적이고 또 많은 비중을 차지하는 숙련된 행위에 대한 연구에는 무관심했다는 사실을 지적하였다. 이러한 불균형 현상을 바로잡기 위해서는 우리의 일상생활에서 얼마나 많은 시간이 숙련된 행위 — 일하기, 이동하기, 말하기, 먹기 — 로 진행되는가 하는 점과 얼마나 적은 시간이 깊이 있게 사고하고 의도적으로 분석하는 것으로 진행 되는가를 명심해야 한다. 그러나 우리가 주목하는 것은 후자의 범주이다. 그 동안 철학자들과 과학자들이 똑같이 초점을 맞추어 왔던 것도 바로 후자의 범주였다.

우리의 일상생활에 대한 생각을 거스르지 않고도 우리의 숙련된 행위 목록에 타인의 요구에 대응하는 행위가 추가될 수 있다는 것 또한 명확하다. 또 그러하다면, 일상생활 속에서는 명쾌한 윤리적 사고를 행하여야 하는 상황보다는 윤리적으로 숙련된 행동ethical expertise을 행하는 상황의 횟수가 훨씬 많다고 하는 점도 명확할 것이다.

그럼에도 불구하고 윤리학에 관한 글을 쓰는 가장 솜씨 있는 현대 연구자들까지도 윤리학의 중심 논점은 추론reasoning이라고 말하고 있을 뿐이다. 예를 들면, 다름 아닌 맥킨타이어Alaisdair MacIntyre는 『덕의 상실』After Virtue에서 아리스토텔레스의 『니코마코스 윤리학』을 해석하면서 결론 내리길, 도덕적 행위자란 여러 실천원칙maxim 가운데서 신중하게 선택할 수 있는 능력을 지닌 행위자로 가장 잘 기술될 수 있다고 하였다. "실천적 추론에서 [개인이 속한 전통에 대한 적절한 이해의] 소유는 …… 관련된 실천원칙들 가운데서 어떻게 선택할 것인지, 그리고 그것을 특정 상황에 어떻게 적용할 것인지를 아는 데서 발휘되는 행위자의 판단 능력으로 나타난다."[1] 이 설명이 쉽사리 정보처리information-processing용어들로 번역된다는 사실은, 정보처리라는 개념으로는 즉각적 대응을 이해할 수 없음을 드러낸다. [또한— 옮긴이] 이런 종류의 접근이 즉각적 대응을 이해하는 데 부적

---

1. Alaisdair MacIntyre, *After Virtue* (Notre Dame, Ind. : University of Notre Dame Press, 1981), p. 140; Drefys and Drefys의 "What Is Morality?"에서 인용되고 있다.

합하다는 사실을 보여준다. 즉 즉각적 대응이라는 것은 계산주의자의 분석 용어가 아무리 상세하더라도 그 용어로써 묘사할 수 있는 범위를 넘어서 있는 것이기 때문이다. 오직 내가 첫 번째 강연에서 소개했던 구성주의자enactivist의 관점만이 즉각적인 대응을 설명할 수 있다.

나아가 우리는 다른 모든 양상의 행위들을 획득하는 방법과 거의 똑같은 방식으로 우리의 윤리적 행위를 획득한다. 그 행위들은 우리가 사회 속에서 성장하면서 우리에게 분명해진다. 왜냐하면 학습은 우리가 알고 있듯이 순환적인 것이기 때문이다. 즉 우리는 사회가 우리에게 기대하는 것을 배움으로써 비로소 학습자로 인정받는다. 여기서 이러한 사회화 과정을 분석하기에 그 과정은 너무 깊고 복잡한 뿌리를 갖고 있다.

그렇더라도 이런 관점에서 우리가 분명히 말할 수 있는 것은 윤리적 숙련자는 공동체의 전면적 참여자, 그 이상도 그 이하도 아니라는 점이다. 즉 우리는 매우 섬세하게 짜인 전통에 소속되어 마음 편하게 생활하고 있기 때문에 우리는 모두 숙련자인 것이다. 더 나아가서 전통적 공동체들에서는 보통 사람들보다 한층 더 전문적인 사람들("현자"the "wise ones")로 꼽힐 수 있는 윤리적 숙련자의 모델들이 있다. 그러나 현대 사회에서는 (체육의 숙련된 인물과는 다른) 그러한 윤리적 숙련을 보여주는 인물의 존재를 확인하는 것은 더욱 어렵게 되었다. 내 생각에는 이것이야말로 현대의 윤리적 사고가 그토록 허무주의적인 풍조를 지니게 되는 하나의 중요한 이유인데,

이것은 뒤에 다시 다루기로 한다.

전통적 가르침의 관점

　윤리적 대응을 중요한 관심거리로 취급하지 않는 것이 보편적인 것은 아니다. 동양의 몇몇 위대한 전통적 가르침들 — 도가, 유교, 불교 — 는 서구와는 다른 방식으로 사물을 보는데, 그 점이 내가 여기서 그들에 관해 언급하고자 하는 이유이다.

　나는 이것이 과감한 시도라는 것은 알고 있지만, 우리가 반드시 다루어야 할 것이라고 생각한다. 나의 견해로는 인간의 경험에 관한 비서구권의 전통적 성찰들을 포함할 수 있도록 우리 사고의 지평을 확장할 필요가 있다. 이제 서구에서 철학이 과학이나 예술 같은 다른 문화적 활동들에 대해서 더 이상 특권적이고 근본적인 위치를 차지하지 못한다면, 철학 자체와 인간의 경험에 관한 철학적 성찰의 중요성을 전면적으로 평가하기 위해서 우리들은 우리의 (유럽) 문화 자체 안에서보다는 다른 문화들 속에서의 철학의 역할을 검토해 보아야 할 것이다. 우리의 문화에서 인지과학은 철학자들로 하여금 그들의 전통을 새로운 빛으로 바라볼 수 있게 해주었기 때문에 철학자들 (그리고 일반대중) 사이에 대단한 흥분을 일으켰다. 만약 우리가 과학과 철학 사이에 엄격한 차이를 두지만 않는다면, 데카르트, 로크, 라이프니쯔, 흄, 칸트, 후설과 같은 철학자들은 새로운 중요성을 가지게 될 것이다. 왜냐하면 무엇보다도 그들이 원형적인 인지과학자들로 간주될 수 있기 때문이다(또는 포더Jerry Fordor가 말하듯 "지성의 역사에서는 모든 것이 두 차례씩 일어난다. 처음에는 철학으로 일어나고 이어서 인지과학으로 다시 나타난다"2). 이것은 우리에게[서구인의 입장─ 옮긴이] 친숙하지 않은 비서구권의 철학적 전통들에도 마찬가지로 적용되지 않을까?

내가 앞에서 언급한 세 가지 동양의 전통들에 대하여 초점을 맞추는 이유는 다음과 같다. 첫째, 이 전통들은 누구라도 인정하는 탁월한 사상이고, 둘째, 아시아의 철학 특히 불교 전통의 재발견은 서양 문화사에 있어서 두 번째의 르네상스라는 것이 나의 주장이다.3

이제 서양의 기독교 전통에서 토마스 아퀴나스의 권위를 지닌 것으로 비유되는 기원전 4세기 무렵의 초기 유학자인 맹자에 초점을 맞추어 시작하고자 한다.

윤리와 도덕적 인격의 성취에 관한 맹자의 견해는 인간의 본성은 양성養成, flourishing할 수 있다는 점과 사람들이 본성을 양성하기 위해 기울이는 노력이 성취될 수 있다는 전제를 깔고 있다. 맹자의 견해는 사람의 본성과 적절한 발달조건이 결부되어 개인의 정서적 반응이 결정된다는 것이다. 이러한 견해로부터 그는 비교적 간단한

2. Jerry Fodor, "The Present Status of the Innateness Controversy", in *RePresentation : Philosophical Essays on the Foundations of Cognitive Science* (Cambridge : MIT Press, Bradford Books, 1981), p. 298.
3. 서양철학자의 시선으로 서양철학에서의 민족중심주의에 관한 논의를 다룬 것으로는 Roger Pol-Droit, *L'Amnesie Philosophique* (Paris : Presses Universitaires de France, 1989) 를 보라. 비서구철학에 관한 포괄적인 연구를 위해서는 David Loy, *Non-Duality* (New Haven : Yale University Press, 1989)를 보라.

발달 모형을 이끌어낸다. 즉 기본적인 능력들이 존재하고, 그것들이 방해받지 않고 잘 양성될 때 바람직한 자질이 생긴다는 것이다. 이 점이 중요하다. 왜냐하면 이것은 "타락과 원죄"라는 서구 기독교 전통과 정반대의 입장이기 때문이다. 맹자가 인간의 본성은 선하다고 선언할 때 맹자는 잠재된 존재론적 토대를 언급하고 있는 것이 아니라 인간의 가능성을 언급하고 있다는 의미이다. 즉 맹자는 다음과 같이 언급한다. "인간에게 진실로 내재한 것에 주목하기만 하면, 인간은 누구든지 선하게 될 가능성이 있는 것이다. 이것이 내가 선하다고 말하는 것의 의미이다. 인간이 악하게 된다면 그것은 타고난 품성native environment 탓은 아니다."4 이 점을 강조할 때 필수적인 것은 인간이 어떠한 방법으로 그들의 기본적인 능력을 발전시키는가, 다시 말하면 인간은 어떻게 능동적으로 자신의 고유한 속성을 "계발하여"가는가 하는 점에 관한 맹자의 이해이다. 여기에는 몇 가지 비결이 될 실용적 핵심사항들이 있는데 이에 대해서는 나중에 다시 다루기로 한다. 그러나 지금, 그리고 윤리에 관한 맹자의 생각들을 더욱 상세하게 살피기 위해서 우리가 해야 할 것은 덕德이란 과연 무엇에 관한 것인가를 설명해 줄 가장 적절한 세 가지 상호 관련된 개념들의 탐구이다. 이들 세 가지 중심적인 개념들은 확장推, extension, 주의思, attention, 지적 주의력知, intelligent awareness이다. 먼저

---

4. 맹자로부터 인용한 모든 내용은 Lee Yearly, *Mencius and Aquinas : Theories of Virtue and Concepts of Courage* (Albany : SUNY Press, 1991), p. 60에서 온 것이다. 나는 적절한 시기에 이 책을 출판하고 그리고 맹자의 예증적인 사례를 선명하게 제시해준 Yearly에게 무한한 신세를 지고 있으며, 이 점은 내가 이 저작으로부터 상세하게 인용하고 있는 것을 보면 분명하다.

확장^擴부터 생각해보도록 한다.

맹자에 의하면 사람들이 덕을 실현하는 것은, 어떤 하나의 행동이 올바르다고 생각되는 상황이 그것과 유사하지만 실제로는 그 속에서의 올바른 행동이 무엇인지는 불분명한 상황으로 변했을 때, 사람이 그 변화한 상황으로 인해 자신의 지식과 정감을 확장하는 방법을 배울 때이다. 물론 이는 우리가 그렇게 확장하기 원한다는 것을 가정해야만 한다. 이점에 대해서 맹자가 인용하는 예는 이해하기가 쉽다.

> 한 남자가 갑자기 우물 속으로 떨어지려는 어린 아이를 보았다고 가정하자. 그의 마음은 틀림없이 움직여 그 아이를 가엾게 여기게 되는데, 그것은 그가 그 아이의 부모의 사례를 얻으려고 해서도 아니고 그가 한 마을의 이웃이나 친구들의 칭찬을 얻는 것을 원하기 때문도 아니며, 더구나 그 아이의 울음소리를 싫어하기 때문도 아니다.[5]

> 今人乍見孺子將入於井 皆有怵惕惻隱之心 非所以內交於孺子之父母也 非所以要譽於鄕黨朋友也 非惡其聲而然也 (孟子, 公孫上-06-03)[6]

이것이 정상적인 출발점이라고 가정한다면, 그 생각은 이 상황에서 피어난 정감들을 적절한 방식으로써 다른 상황에도 확장하여 적용해가는 것이다. 여기서 주목할 것은 맹자가 윤리적 훈련^{ethical training}을 위한 기반 — 우리 모두가 공유하는 매우 평범한 노하우 —

---

5. Ibid., p. 62.
6. [옮긴이] 한자 원문은 옮긴이가 붙임.

으로써 활용하는 사례와 그것을 확장推하는 방법의 핵심은 우리가 **모든** 기술들에 적용하는 학습 원리와 유사하다는 점이다. 예를 들면 사람은 누구나 손쉽게 다룰 수 있는 상황으로부터 기술을 익히기 시작해서, 적용되는 영역을 넓혀가는 방식으로 그 기술을 보다 더 복잡한 상황으로 확장해 간다. 그러나 이러한 과정이 가정하고 있는 것은, 사람들은 지적 주의력知를 발휘해야만 하는 일에 대하여 주의할 수 있으며 또 그렇게 하려고 한다는 점이다. 정감들을 확장한다는 것은 하나의 상황이 또 다른 상황과 유사하다는 것을 알고, 이러한 정감들을 그 새로운 상황 속으로 "전개시키는" 것이다.

이러한 과정들을 가능하게 하는 마음the mind의 독특한 능력은 곧 주의思이다.7 마찬가지로 여기서 사용되는 능력도 구체적인 대상에 주의를 집중하는 자연스러운 능력이다. 주의를 잘못하면 수신修身을 그르치게 된다. 맹자가 언급했듯이, "주의하면 얻을 것이고, 주의하지 않으면 얻지 못하는 것이다." 그러므로 맹자에게 윤리적 훈련이란 상황을 분명하게 지각하고perceiving clearly, 상황들 사이의 일치나 유사성을 깨닫는 과정이다. 그는 특히 그 당시에 묵가墨家가 내세웠던 (그리고 서양의 윤리적 사고에서도 분명한) 명제, 즉 윤리적 추론은 주로 법칙 또는 원칙의 적용에 달려 있다는 견해에 반대하였다. 맹자가 볼 때 규칙들은 오직 주의 깊게 성찰한 뒤에나 또는 시비를 가려야만 하는 곤란한 상황들 속에서나 분명하게 드러나는 것이다. 여기서 가장 중요한 차이는 상황의 참된 기술에 관한 것이

---

7. [옮긴이] 바렐라는 맹자의 思를 attend로 번역한다. 일반적으로 think라는 표현보다는 더 주의가 집중되어 있는 상태나 작위를 의미한다고 생각된다.

다. 만약 어떤 상황을 특정 규칙에 입각해 판단하려 한다면 우리는 그 상황을 일종의 인지적인 범주들로 기술해야만 할 것이다. 그러나 우리가 상황들 사이의 일치나 유사성을 보려 한다면 해당 상황은 훨씬 더 구체적으로 지각될 것이며 범주적 분석으로 환원되기 어려운 측면들까지 포함해 모든 중요한 측면들이 고려될 것이다. 맹자의 이런 생각은 성찰과 분석이 가장 두드러지는 때는 즉각적인 미시세계가 혼란해질 때라는 나의 주장과 매우 가까운 것이다.

맹자에게 있어서, 오직 진실로 덕이 있는 사람들만이 그들 자신의 본성에 유의함으로써 체험에 의하여 하나의 사건을 대단히 잘 이해하게 되고, 그렇게 해서 그것을 적절하게 확장해 가는 일을 순탄하게 이어간다. 그리고 진실로 덕이 있는 사람들에게 즉각적이고 자발적인 도덕적 행위로 이어지는 도덕적 판단이란 상황에 대한 참된 기술과 구별되지 않는다. 이러한 접근은 맹자로 하여금 덕이 있는 듯이 보이는 행동들로부터 진실로 덕이 있는 행동들을 구별할 수 있도록 해 준다. 어떤 행위가 온전하게 덕을 갖추었다고 하는 것은 오직 그것이 활성화된 본성에서 발출될 때만 그러하다. 만약 어떤 행위가 본성으로부터 유발되지 않은 것이라면 그 행위는 옳을 수는 있어도 온전하게 덕을 갖추었다고 할 수는 없는 것이다. 이것이 중요한 점이다.

맹자는 이 차이점을 덕 있는 사람君子과 향원鄕愿을 대비시킴으로써 분명히 하고 있다. 어떤 번역가는 향원을 '세속에서 옳다고 간주되는 탁월한 모조품'으로 표현하기도 한다. 맹자에 의하면,

(향원은 다음과 같이 생각한다.) "이 세상에 태어났으면 마땅히 이 세상 사람이 되어서 이 세상 사람들로부터 착하다는 말을 들으면 되는 것이다." …… 그를 비난하고 싶어도 비난거리가 없고, 그를 공격하려 해도 공격거리가 없다. 그는 퇴폐한 풍속에 영합하여 처세하는 것이 충성되고 신의 있는 것 같으며, 행동하는 것이 청렴한 것 같아서 사람들이 다들 좋아한다. 그는 많은 사람들이 선호하며 동시에 스스로도 옳다고 생각한다. 그와 더불어 요순의 길에 들어서는 것은 불가능하다. 따라서 그 이름은 '덕을 해치는 사람'賊이다. 공자는 말했다. "나는 향원을 미워한다. 그것은 그가 덕과 혼란될까 두려워해서이다."[8]

生斯世也 爲斯世也 善斯可矣 …… 曰非之無擧也 刺之無刺也 同乎流俗 合乎汚世 居之似忠信 行之似廉潔 衆皆悅之 自以爲是而不可與入堯舜之道 故曰德之賊也 孔子曰 …… 惡鄕原 恐其亂德也(孟子, 盡心下-37-09~12)[9]

덕을 사이비 덕으로부터 구별하기 위하여 맹자는 네 가지 종류의 인간 행위를 밝히고 있는데, 그 가운데 오직 한 가지만 진실한 윤리적 행위일 뿐이고 나머지는 기껏해야 유사한 것이거나 완전한 사이비이다. 이 네 가지 행위는 (1) 이득을 얻으려는 욕구로부터 일어나는 행위들, (2) 습관화된 반응의 유형으로부터 나오는 행위들, (3) 규칙들을 추종하는 데서 일어나는 행위들, (4) 확장推에서 일어나는 행위들이다. 지적 주의력知에 의하기보다는 습관화된 반응의 유형으로부터 행동하는 사람들은 상황들을 정확하게 지각하는 데

---

8. Ibid., p. 67. [옮긴이] 맹자 진심편의 원문을 근거로 번역하였다.
9. [옮긴이] 한자 원문은 옮긴이가 붙임.

실패한다. 규칙들에 집착해서 행위하는 사람들은 자동차 운전기술을 처음 배우는 초보자들과 같다. 맹자의 언어를 사용한다면, 그러한 규칙들은 항상 그 행위자^{agent}의 외부에 그대로 있게 될 것인데, 그것들은 적어도 몇 가지 방식에서는 그 사람의 내면적 성향과는 항상 불일치할 것이기 때문이다.

맹자가 볼 때 **진정으로** 덕이 있는 사람이란 오랜 수신修身을 통해 형성된 품성을 바탕으로 자연스럽게 행동이 이루어지는 사람이다. 그런 사람은 "인仁과 의義를 행동으로 옮겼다기보다는 줄곧 인과 의를 통해서^{through} 행동했다"고 말할 수 있다. 그러한 사람은 윤리를 연기演技하는 것이 아니고, 모든 전문가가 그의 노하우를 체화하는 것처럼 인仁과 의義를 체화하고 있는 것이다. 현자는 윤리적**이다**. 더 분명하게 말하자면 그의 행위는 그의 품성이 구체적인 상황에 반응하여 일으키는 성향^{inclination}에 따라 이루어진다.

그러므로 진실로 윤리적인 행동은 단순한 습관에서 비롯되는 것은 아니며, 또는 어떠한 표준이나 규칙들을 맹종함으로써 나오는 것도 아니다. 진실로 숙달된 사람은 확장된 경향들을 따라서 행위하게 되는 것이지, 교훈을 따라서 행위하는 것이 아니다. 그리고 그렇게 해서 순전히 습관적인 대응의 방식들 속에 담긴 한계를 초월하는 것이다. 이것이 훈련되지 않은 사람에게는 진실한 윤리적 행위가 가끔 깊이를 잴 수 없는 듯이 보이는 이유이고, 금강승金剛乘, 眞言의 전통에서 "비범한 지혜"$^{crazy\ wisdom}$ 10라고 불리는 것이 될 수

---

10. 하나의 예로서 Chogyam Trungpa, *Crazy Wisdom* (Boston : Shambala, 1990)을 보라.

있는 이유이다.[11] 이러한 유연성은 자신을 숙달시키기 위해 수행을 해온 사람이 지닌 핵심 요소key elements들을 시사한다. 왜냐하면 그의 숙련됨은 맹자가 지知라고 부르는 지적 주의력을 함축하고 있기 때문이다. 동양의 가르침의 전통들 속에서 이러한 차원의 학습의 중요성은 아무리 강조해도 지나치지 않다. 특히 그것은 대승불교에서의 반야지혜를 닦는 것에 해당한다. 맹자는 고도의 수준으로 체득된 공자의 지적 주의력에 근거하여 공자의 탁월함을 찬양함으로서 지적 주의력의 중요함을 강조한다. 먼저 덕이 어떻게 오해되는가를 보여주는 두 가지 극단적인 경우를 대비해 보면 왜 이것이 탁월한 것인가를 명확하게 이해할 수 있을 것이다. 하나의 극단에는 "비범한 지혜"는 덕스럽다고 생각하지만 그것은 이성에 의해서 구속되지 않는 무의식적spontaneous 표출이라고 주장하는 사람들이 있다. 또 반대편 극단에는 비범한 지혜를 경멸하면서 사람들은 목적과 방법에 관하여 이성적인 계산에 의존하여야 한다고 주장하는 사람들이 존재한다. 반면에 맹자가 말하는 지적 주의력이란 (그저 가끔씩만 '비범한 지혜'로 나타나며) 이 두 극단 사이에서 중용의 길을 취하는 것이다. 즉 우리의 행위는 지성의 인도를 받아야 하지만 이것은 어떤 추상적인 규칙이나 절차에 따라 이루어지는 것이 아니라 그때그때 마주하는 구체적인 상황과 어울리는 가운데 이루어지는

---

11. [옮긴이] 금강승은 진언밀교의 한 종류이다. 지혜와 방편이 합일이 되어서 체득되는 가장 궁극적인 경지가 열반인데, 이 열반은 남녀의 교합에서 맛보는 희열과 같다고 비유된다. 금강은 가장 단단하고 견고한 것을 상징한다. 번뇌를 파괴하는 힘을 가지게 되는 경지와도 같다. 진언밀교는 이 열반의 경지에 오르는 방법을 진언을 통해서 구하고 있으며, 그 방법의 하나가 곧 금강승이다.

것이다.

그리고 진정한 윤리적 행위는 무의식적 자발성spontaneous과 이성적인 계산의 사이에 있는 중도를 취하는 것이기 때문에 진실로 윤리적인 사람은 다른 어떤 종류의 전문가들이 하는 것처럼 자발적으로 행동한 뒤에 그 행위를 정당화 해주는 지적 주의력을 재구성할 수 있는 것이다. 그리고 다른 어떤 종류의 전문가들이 하는 것처럼 진실로 윤리적인 사람은 지속된 학습을 위한 디딤돌로서 그러한 사후 정당화를 사용할 수 있는 것이다. 정말 초보자라 할지라도 심사숙고를 거치지 않고 충분한 지적 주의력intelligence awareness을 획득하도록 해주는 맹자의 이러한 신중한 분석 방법을 사용할 수 있고, 그렇게 해서 숙련자가 되는 것이다.

요약하자면, 이에 따라 우리는 지적 주의력知, 주의思, 및 확장推의 상호작용이 비록 평범한 사람이더라도 진정으로 덕을 지닌 사람이 되는 방법이라는 사실과 진실로 윤리적인 행위는 "향원"의 행위와 어떻게 다른지를 이해하게 된다.

윤리의 숙련을 위한 실용적 열쇠

윤리의 숙련에 관한 맹자의 견해는 동시대 서구에서 이성적 판단을 중시했던 우세한 전통과 매우 거리가 먼 것이지만 도가와 불교의 가르침과는 매우 가깝다. 이 세 가지 전통은 모두 윤리적 행위에 대해서 **실용적이고 점진적으로** 접근하고 있다.

윤리적 행위는 실용적이고 점진적 관점으로 접근하여야 한다고 말하는 것은 곧 노자의 『도덕경』에서 부정적 언어들로 설명되었던 것을 긍정적 언어로 바꾸어 설명하는 것이다. 그 부정적 언어 가운데 하나가, 잘 알려졌지만 번역이 사실상 불가능한 표현인데도 가끔 '아무 일도 하지 않음'not-doing으로 오역되기도 하는 무위無爲이다.

> 상위의 덕은 덕을 내세우지 않는지라 이로써 덕이 있다.
> 하위의 덕은 덕을 잃지 않으려 하는지라 이로써 덕이 없다.
> 그러므로 성인은 무위로써 일을 행하고 말하지 않고도 가르침을 행한다.
> ......
> 그래서 만물들이 방해를 받지 않고 자라난다.
> ......
> 덜고 또 덜어서 그로써 무위에 이른다.
> 무위면 못할 일이 없다.
>
> 上德不德, 是以有德. 下德不失德, 是以無德(『노자』, 38장)
> 是以聖人, 處無爲之事, 行不言之敎(『노자』, 2장)
> 損之又損, 以至於無爲, 無爲而無不爲(『노자』, 48장)[12]

우리에게 이러한 형식은 하나의 역설처럼 보인다. 그러나 그것은 무의미한 순환적인 역설은 아니다. 그 의미를 풀기 위해서 우리는 그것의 양단을 맞추어 보아야 한다. 우리는 그 모순성에 고민하

---

12. [옮긴이] 한자 원문은 옮긴이가 붙임.

던 많은 학자들이 발견했던 것과 마찬가지로 논리적 분석만으로 도달할 수 없는 이해understanding의 상위수준을 연습해야만 하기 때문이다. 나의 주장은 무위가 **경험과 학습**의 여정을 가리킨다는 것이지, 단순한 지적 수수께끼를 풀어내는 것은 아니라는 것이다. 그것은 즉각성immediacy이 숙고deliberation보다 앞서는 성향, 비이원적nondual 행동이 주체와 객체의 근본적 구별보다 앞서는 성향을 성취하는 과정을 가리킨다.

점진적으로 윤리를 숙달하기 위해 필요한 것을 가르치는 다른 모든 전통적 사고들 속에서 우리가 분명하고도 똑같은 역설들을 발견하는 것은 우연의 일치는 아니다. 이것은 불교의 모든 정통적 사고들 속에서 매우 분명하다. 예를 들면, 선불교의 제3조 승찬은 다음과 같이 말한다.

식息과 불식不息이 모두 더 이상 존재하지 않을 때
심지어 일자一者까지도 사라진다.
좁은 소견에서 평안과 불안이 온다.
그러나 마음은 양자를 초월하여서 깨어있구나.

이 작은 게송偈頌은 매우 유명한 불교 사상가인 나가르쥬나龍樹가 일으켰던 논의를 되풀이한다. 나가르쥬나는 그의 『**중론**』 Mulamadhyamikakarikas에서 모든 대립항들, 예를 들면 활동과 비활동 inaction, 휴지와 동작 등과 같은 것들을 파괴하고 각각의 대립항들을 구성하는 요소들은 모두 비어있다는 것空, 즉 각각의 요소들은 다만 타자와의 관계에서만 성립된다는 것을 발견하였다.[13] 그의 저술은 대승불교와 앞으로 살펴보게 될 보살이라는 이상적 인간상의 더 커다란 배경에 비추어 볼 때 잘 이해된다. 그러나 맹자의 진실로 덕 있는 사람처럼, 그리고 노자의 최상의 덕을 가진 사람처럼 진실한 보살은 오지도 않고 가지도 않으며 다만 "무위를 통해서 사물들과 관계를 맺는 것일 뿐이다." 보살행의 10단계(그것은 구도의 여정이다!)의 바로 첫 번째 단계, 아카라acala라고 불리는 그것은 부동지the immovable라고 하는 것인데, 마치 저 달이 모든 것을 사심 없이 비추는 것처럼 보살은 어떠한 노력도 기울이지 않으면서 행한다. 여기서 다시 행위하는 속에서 행위하지 않는다는 역설은 행위하는 사람이 행위 자체가 될 때 눈 녹듯 사라진다. 그것은 그 행위가 주체와 객체의 이원화로부터 벗어나 일원화될 때를 의미한다.

마틴 부버Martin Buber가 말했던 것처럼 "이것은 전체가 된 사람의 활동이다. 사람들은 이것을 무위not doing라고 불러왔다. 왜냐하면 그 사람의 어떤 특별한 것, 어떤 편파적인 것도 작용하고 있지 않으며 따라서 그의 어떤 것도 세계에 개입하지 않기 때문이다."[14] 한 사람이 그 행동 자체일 때, 외부적으로 행동을 관찰하기 위한 어떤 자아의식도 남아있지 않다. 비이원적인 행동이 진행되면서 잘 성취될 때, 그것은 평안한 상태의 기질基質에 바탕을 둔 것으로서 경험된다. 한 사람이 자신의 자아를 잊는 것은 자신의 공空을 자각하는 것이고, 한 사람의 성격이란 조건에 의한 것이고 동시에 잠정적이라

---

13. [옮긴이] 용수의 八不. 이는 연기의 이치를 말한다.
14. Martin Buber, *I and Thou* (Edinburgh : T. Clark, 1970), p. 125.

는 것을 자각하는 것이다. 모든 숙련자들이 이러한 공空, emptiness의 감각에 대해서 잘 알고 있다. 예를 들면 서구의 운동선수, 예술가, 그리고 장인들은 항상 자아의식은 최상의 활약, 최상의 작품을 실현하는 데 방해가 된다고 주장해 왔다. 이것은 『반야심경』Heart Sutra (대승불교의 핵심 경전 중의 하나)에서 모든 행동들이 결국은 공空임을 자각한 사람은 "마음에 방해받는 바가 없기" 때문에 자유롭게 행동한다는 것을 찬양하는 것과 똑같은 것이다. 말할 필요도 없이 각각 숙련된 영역의 차이를 떠나서도 운동선수와 보살 사이에는 중요한 차이점들이 있다. 우리는 후자를 전자와 혼동해서는 안 된다. 하지만 동양의 가르침의 전통들이 도달하고 있는 것이 단순히 신비적인 맘보 잠보(서아프리카 흑인이 숭배하는 귀신, 혹은 주술)가 아님을 예증하기 위해서는 그러한 비교가 매우 적절한 것이다.

그러므로 우리는 자기의식적인 또는 의도적인 행동과 무아의 또는 비의도적인 행동을 구별할 수 있다. 얼핏 보기에 의도 없이 행동한다는 생각은 어리석게 보인다. 그러나 사실 우리의 삶은 비의도적 행동들로 가득 차 있다. 우리는 옷을 입고 음식을 먹는다. 그리고 더 중요한 것은 우리가 다른 사람들을 배려한다는 점이다. 우리는 이러한 모든 일들을 의도 없이 행하고 있지만, 그렇다고 우리가 그것을 닥치는 대로 하는 것도 아니며 또는 순전히 자발적으로 하는 것도 아니다. 우리가 그것들에 관해서는 숙련자들이기 때문에 의도 없이 그것들을 행하는 것이다. 알고 있는 것을 적절히 확장推하고 그것에 주의함思으로써, 그리고 시간에 따라서 훈련함으로써 우리는 이러한 행동들을 체화된 행위로 변형시켜 온 것이다.

그러나 그러한 비의도적인 학습을 **가능하게** 해주는 핵심적인 요소는 무엇인가? 그 대답은 바로 우리 앞에 있다. 우리의 미시세계들과 미시주체들은 그 어느 것도 하나의 견고하고 모든 것을 통제하는 단일한 자아 속에 함께 들어와 고착된 것은 아니다. 오히려 연속적으로 변화하는 유형들의 연속과정에서 떠올랐다가 가라앉는 것이다. 불교 용어로 말하자면 이것은 자아가 **자성**自性**이 없는**empty of self-nature 것, 즉 파악 가능한 어떠한 실체적 속성도 없다는 가르침으로서 우리가 직접 관찰을 통해 쉽게 알 수 있는 것이다. 만약 우리가 이러한 자아의 **공**空에 담긴 거대한 개방성을 왜곡시키지 않고 함께 갈 수 있다면 더 원대한 자아의 이해에 다가갈 수 있는 가능성들은 광대하게 될 뿐 아니라 언제 어디서고 그것을 구현할 수 있는 것이다. 이 점이 중요하다. 그것이 바로 우리의 자아 이해를 정신의 기능에 대한 외적이고 과학적인 설명과 통합하는 귀중한 단서이기 때문이다.

비단일체적인non-unitary 인지적 자아들에 관하여

이러한 비단일체적 자아[15]를 우리 서구의 전통에 의하여 그리고

---

15. [옮긴이] 이는 우리의 자아는 하나의 실재라거나 아니면 하나의 개념으로 귀결되는 것이 아님을 의미한다. 용어풀이 참조.

우리 서구인의 시각에서 바라볼 때 의미 있는 것이 되도록 하기 위하여 나는 현대의 인지과학으로 돌아갈 수밖에 없다. 그러나 우리는 우리 자신을 인지과학의 영역 속에 있는 어떠한 하나의 경향에 한정할 필요는 없다. 왜냐하면, 예를 들어 이 분야에서는 보수적인 관점을 지니고 있다는 계산주의자의 관점마저도 하나의 고정적이고 집중화된 단위로서의 자아의 존재를 부정하기 때문이다.

인지과학에서 계산주의는, 인지를 행하는 주체 혹은 자아는 근본적으로 조각으로 흩어져 있다거나 혹은 결합되지 않은 것이라는 개념을 가지고 있다. 왜냐하면 이 입장은 우리가 의식하지 않을 뿐 아니라 **의식할 수도 없는** 정신적 또는 인지적 과정들이 존재한다고 가정하기 때문이다. 실제로 계산주의자는 의식의, 특히 자기의식의 '개인적 수준'에서 접근될 수 없는 (물리적인 또는 생물학적인 것을 넘어) 정신적인 기제와 과정의 존재를 가정한다. 다른 말로 표현하면 인지적 행위를 설명하기 위하여 전제하고 있는 인지적 구조들과 과정들 가운데 어느 것도 의식적인 자각이나 자아의식의 성찰로는 알 수 없기 때문이다. 만약 정말로 인지가 근본적으로 기호적인 계산이라고 한다면, '개인적' 수준과 '하위개인적'sub-personal 수준 사이의 이러한 불일치는 너무나 당연한 것이다. 왜냐하면 아마도 우리 가운데 어느 누구도 자신이 생각할 때마다 자신의 내부에서 기호를 매개로 하여 진행되는 계산작용을 의식할 수 있는 사람은 없기 때문일 것이다.

이것은 실제로 우리의 자기이해에 대한 심각한 도전이지만, 프로이트 이후 우리는 무의식을 믿는 경향이 있기 때문에 이런 도전의 심각성을 간과하곤 한다. 그러나 우리가 보통 "무의식"이라고 생각하는 것과 계산주의자들이 정신적 과정을 무의식적이라고 생각하는 것 사이에는 차이점이 있다. 만약 자아의식적인 성찰을 거치거나 프로이트 학파의 심리치료와 같은 절제된 형태의 내성적 분석을 통한다면, 무의식적인 것을 의식할 수 있다고 우리는 일반적으로 가정한다. 그러나 계산주의는 **전혀 의식으로 알 수 없는** 정신적 과정들이 존재한다는 것을 주장한다. 그 주장은 우리가 정신적 심상을 생산하도록 지배하는 법칙들을 혹은 시각적 과정을 지배하는 법칙들을 단순히 알지 못한다는 의미가 아니다. 그보다는 우리가 이 법칙들을 원칙적으로 영원히 알 수 없다는 것이다. 한 계산주의 설명에 따르면 이런 과정들이 제대로 작동하기를 멈추지 않는 한 이것들을 의식하기란 불가능하다. 왜냐하면 의식은 예컨대 시각처럼 빠르고 자동적인 것이 아니라 본질적으로 느리고 신중한deliberate 것이기 때문이다. 다른 견해는 이러한 과정들을 "모듈적"modular인 것으로서 설명하는데, 그것은 곧 이러한 과정들이 의식적이고 정신적인 활동에 의해서는 "간파될"penetrated 수 없는 상이한 하위체계들을 포함한다는 것을 의미한다.16 그러므로 이러한 의미에서 계산주의는 의식과 마음이 결국 같은 것이라는, 또는 양자 사이에 본질적이거나 필연적인 연관성이 있다는 우리의 신념에 도전하고 있다.

물론 프로이트 역시 마음과 의식은 동일하다는 관념에 도전했

---

16. Jerry Fodor, *The Modularity of Mind* (Cambridge : MIT Press, Bradford Books, 1983).

었다. 더구나 우리가 곧 다루게 될 내용이지만, 그는 마음과 의식을 구별하는 것은 자아 혹은 인지의 주체를 분열시키게 된다는 점을 확실히 알고 있었다. 그러나 프로이트가 마음과 의식 양자 사이에 필수적이고 필연적인 연관이 있다고 하는 관념을 논의의 대상으로 삼는 데까지 나아갔는지는 분명하지 않다. 프로이트는 무의식적인 신념들, 욕망들, 그리고 자극들에 관한 논의에서 이러한 무의식적 과정들은 영혼의 심연 속에 숨겨진 **우리 자신들의 조각**a fragment of ourselves에 속하는 것이라는 가능성을 열어 놓았다.17 프로이트가 사실상 그러한 조각으로써 의미한 범위가 어디까지인가는 명확하지 않지만 인지과학자들이 단일화할 수 없는 과정들, 조각들의 집합을 가정할 때에, 인지과학자들은 그들이 말하고 있는 의미를 명확하게 제시한다. 데넷Dennett은 그것을 다음과 같이 설명한다. "비록 새로운 (인지주의적) 이론들이 고의적으로 꾸며낸 난쟁이 은유들—즉, 하위 체계들이란 뇌 안에 존재하는 극미인極微人, homunculus 18들이 메시지들을 서로 주고받으며, 도움을 요청하고 법칙에 따르고 자발적으로 행하는 것과 같다는 은유들—이 풍부할 지라도, 그 실제의 하위 체계들은 마치 신장이나 슬개골19처럼 자체의 관점이나 독립적인 생명을 전혀 가지고 있지 않은 유기체의 기관으로서 의식이

<hr>

17. Douglas R. Hofstadter and Daniel Dennett, eds., *The Mind's I : Fantasies and Reflections on Self and Soul* (New York : Basic Books, 1981), p. 12.
18. [옮긴이] 라틴어로 작은 인간이란 뜻. 16, 17세기의 의학자들이 남성의 정자 속에 존재했던 미소한 인체를 뜻하며, 이것이 오늘날 뇌과학이나 심리철학에서는 인간의 내면에서 생명의 체계 혹은 뇌신경 체계의 기능을 설명하는 방법으로 동원되기도 한다.
19. [옮긴이] 무릎관절 앞쪽에 있는 접시 모양의 뼈.

없는 조각들로 생각된 점에는 의심의 여지가 없다."[20] 다른 말로 하면 이러한 "가상적인 극미인 은유들" 속에 있는 "하위개인적" 체계들의 특성화는 잠정적일 뿐인데, 그 이유는 결국 그러한 모든 은유들은 제거될 것이기 때문이다. 그것들은 신경망 혹은 인공지능의 데이터 구조들처럼 자아가 없는 과정들selfless processes 가운데서 폭풍 같은 활동들이 이루어지는 동안 처리되는 것이다.[21]

그러나 아직 이론화되기 이전의 일상적 신념은 인지와 의식 — 특히 자아의식 — 이 동일한 영역에 속하는 것으로 간주한다. 인지주의cognitivism는 이러한 신념에 직접적으로 반대한다. 인지의 영역을 결정할 때, 인지주의는 명확하게 의식과 무의식의 차이점을 가로질러 구분하였다. 인지의 영역은 별개의 표상 수준을 지니고 있는 것으로 보임에 틀림없는 체계들로 구성되었는데, 그것은 반드시 의식을 지닌 체계들로 구성되는 것은 아니다. 물론 일부 표상체계들은 의식적이지만, 그러나 표상체계들이 모두 표상들 혹은 의식적인 상태들을 꼭 포함해야 하는 것은 아니다. 그러므로 인지주의자에게는 인지와 지향성(표상)은 분리가 불가능한 하나의 짝이지만, 인지와 의식은 그렇지 않은 것이다.

인지의 영역을 이렇게 이론적으로 구분하는 것은 초기 인지과학자들에 의해서 "결코 사소하지 않은 경험적 발견"[22]으로 간주되었

---

20. Ibid., p. 13.
21. Dennet의 저술 *Brainstorms* (Cambridge : MIT Press, Bradford Books, 1978) 속에 있는 그의 논문 "Toward a Cognitive Theory of Consciousness"와 "Artificial Intelligence as Philosophy and Psychology"를 보라.
22. Zenon Pylyshyn, *Computation and Cognition* (Cambridge : MIT Press, 1989), p. 265.

고 이것은 다시 인지과학 전체가 초래한 상당한 변형을 가리키는 것이기도 하다. 그러나 이때 문제 하나가 수면 위로 떠오른다. 우리는 부정할 수 없을 정도로 가깝고 친밀한 것에 대한 우리의 이해, 즉 자아에 대한 우리의 느낌을 상실하고 있는 것처럼 생각된다. 만약 자아의식에 대해서는 말할 것도 없이 의식은 인지에 필수적인 것이 아니라고 한다면, 그리고 우리 자신과 같이 의식을 지닌 인지적 체계의 경우에 있어서 의식은 정신적 과정의 한 종류로 귀결되고 마는데, 그렇다면 그 인지를 하고 있는 주체는 과연 무엇인가? 그것은 의식적인 것과 무의식적인 것을 모두 합한 전체적인 정신적 과정의 집합인가? 아니면 그것은 모든 다른 것들 가운데서 의식과 똑같이 단지 한 종류의 정신적 과정인가? 어느 경우에도 자아에 대한 생각은 도전은 받는다. 왜냐하면 우리가 하나의 자아를 형성해 간다는 것은 정합적이고 통일된 '관점'을, 사고와 지각과 행동의 바탕이 되는 안정되고 일정한 입장을 지니는 것이라고 일반적으로 생각되기 때문이다. '내가 자아를 지니고 있다 또는 자아이다'라는 생각은 너무나 자명해 보이기 때문에 그것을 부정하는 것은 (설령 그것이 과학이더라도) 말이 안 되는 것처럼 느껴진다. 그러나 만약 누군가 곁에 와서 우리에게 그 자아를 찾아보자고 한다면, 우리는 대단한 곤궁에 처할 것이다. 데넷은 평소처럼 예리한 솜씨로 이 점을 지적한다. "당신은 눈을 통해 뇌로 들어간다. 시신경을 따라 올라가 대뇌피질을 돌고 돌아 모든 뉴런들을 뒤돌아본다. 그러다 당신은 그것을 찾지도 못한 채 한 운동신경이 점화하자 자아가 어디에 있는지 통 모르겠다는 표정으로 머리를 긁적이면서 제정신으로 돌아온다."[23]

그러나 우리의 문제는 더욱 깊어만 간다. 거세게 휘몰아치는 "하위개인적" 활동들 가운데서 하나의 정합적이고 통일된 자아를 **발견할 수 없다**는 것이 그 중 하나이다. 이러한 발견 불가능은 틀림없이 우리의 자아에 대한 생각에 역행할 것이지만 그 역행에는 한계가 주어질 것이다. 우리는 여전히 진실로 하나의 자아가 있지만 이러한 방식으로는 그것을 찾을 수 없는 것일 뿐이라고 생각해 볼 수 있다. 어쩌면 사르트르가 말했듯이 자아는 너무나 가까이 있어서 뒤돌아보면 보이지 않는 것일지도 모른다. 그러나 계산주의자의 도전은 보다 더 심각하다. 계산주의에 의하면 **인지는 의식 없이도 진행될 수 있는데**, 그 이유는 그 양자 사이에 어떠한 필수적이거나 필연적인 연관이 없기 때문이다. 그런데 우리가 자아를 그 밖의 어떠한 것이라고 생각하든 우리는 일반적으로 의식을 그것의 중심에 있는 특징으로 간주한다. 그러면 이어서 이러한 자아의 가장 중심적인 특징은 인지를 필요로 한다고 믿는 우리의 신념에 계산주의가 도전하게 된다. 다시 말해, 인지주의자들의 도전은 단순히 우리가 자아를 발견할 수 없다는 것을 주장하는 데 있는 것이 아니라, 오히려 그 자아는 인지에 필요하지 않다는 더 깊이 있는 함축적 태도에 담겨 있는 것이다.

이 시점에서 과학이 긍정하는 것과 우리 자신의 직접적인 경험

---

23. Daniel Dennet, *Elbow Room : The Varieties of Free Will Worth Wanting* (Cambridge : MIT Press, Bradford Books, 1984), pp. 74-75.

이 주장하려는 것 사이에 있는 긴장은 명백하다. 만약 인지가 자아 없이도 진행될 수 있다면 왜 우리는 그럼에도 불구하고 자아의 경험을 갖는가? 우리는 아무 설명도 없이 이러한 경험을 외면할 수는 없다. 최근까지 마음을 연구하는 많은 과학자들과 철학자들은 이 문제를 둘러싸고 있는 난처한 점들이 인지과학의 목적들과 직접적으로 관련이 없다고 주장함으로써 이 문제를 무관심한 태도로 경시하였다.[24]

우리의 의문을 헤쳐갈 수 있는 진보의 길을 찾기 위하여 우리는 이 분열의 **본질**을 더욱 가깝게 들여다보아야 한다. 세 번째 강의에서 논의할 예정이지만, 이 분열의 본질은 인지과학과 서구적 사유 모두에 대단히 새로운 분석의 유형으로서 내가 **가상적인**virtual 자아라고 명명하려고 하는 것을 발생시키는 뇌의 기제로부터 나타나는 창발적(또는 자기조직적) 속성들의 본질인 것이다.

---

24. Jerry Fodor, *The Language of Thought* (Cambridge : Harvard University Press, 1975), p. 52를 보라.

세 번째 강의

비어있음의 체화

세 번째 강의

비어있음의 체화

다시 한 번 비단일체적 자아와 인지적 행위자에 관하여

나는 인지적 주체의 개념에 대한 새로운 접근을 더욱 전개시키기 위하여 내가 **즉각적 현재**의 연결점들hinges of the *immediate present*이라고 부르는 특별한 공간에서 일어나는 인지적 활동에 논의의 초점을 맞추고자 한다. 왜냐하면 인지 주체가 실제로 살고 있는 곳은 즉각적 현재이기 때문이다. 그러나 논의에 앞서, 숙련과 그 중요성에 대한 문제에 대하여 그랬던 것처럼 먼저 계산주의자의 정설1로부터

---

1. 이 강의의 많은 생각들은 나의 "Organism : A Meshwork of selfless selves", in A. Tauber, ed., *Organism and the Origin of Self* (Dordrecht : Kluwer, 1991)로부터 취한 것이다.

유래된 인지 작용에 대한 굳어진 가정들을 수정할 필요가 있다.

핵심은 다음과 같다. 첫 번째 강의에서 논의했던 미시세계들microworlds과 미시주체들microidentities의 감각운동적 정합성coherency뒤에는 두뇌 속에서 일시적으로 상호관련을 맺는 많은 뉴런들의 **앙상블**ensemble이 존재한다. 이러한 뉴런들의 앙상블은 표면적으로 나타나는 감각기관sensory과 작용기관effector 활동의 원인이며 동시에 결과이다.

몇 천 개의 뉴런들로 이루어진 작은 신경시스템을 가진 해양 연체동물인 갯민숭달팽이Aplysia 2의 예를 살펴보자. 갯민숭달팽이는 호흡관呼吸管이 외부와 접촉하게 되면 아가미를 수축시킨다. 이것을 아가미 수축작용gill-withdrawal reaction이라고 하는데 이러한 연체동물에게는 통상적으로 존재하는 행동유형 중의 하나이다. 전통적으로 이러한 종류의 행동은 반사궁reflex-arc의 작용으로 설명된다. 최근의 연구는 아가미 수축작용이 전체 신경시스템의 상당 부분을 활성화시킨다는 것을 밝혀냈다.[3] 활성화된 뉴런들의 앙상블은 서로 영향을 주고받으며 상호 조정되는 방식으로 일어나고, 이러한 상호 활성화는 몇 초 뒤에 사라진다. 그래서 이러한 무척추 동물의 신경절ganglion 뉴런들조차도 그 동물의 방식에 따라 다양하면서도 정합적

---

2. [옮긴이] 군소 또는 바다토끼라고도 불리우는 바다민달팽이류의 연체동물
3. T. Carew and C. Sahley, "Invertebrate Learning and Memory : From Behavior to Molecules", *Ann. Rev. Neurocsi.* 9(1983) : 435-87, 그리고 전압-민감성 염료 (voltage-sensitive dyes)는 다음을 보라. D. Zecevic, J. Wu, L. Cohen, J. London, H. Hoepp, and C.Falk, "Hundreds of Neurons in the Aplysia Abdominal Ganglion Are Active during the Gill-Withdrawal Reflex", *J. Neurosci.* 9 (1989) : 3681-89.

으로 구성되는 중첩적인 앙상블들의 네트워크로 볼 수 있다.

그렇게 미미한 연체동물로부터 얻어진 경험은 더욱 크고 복잡한 신경 시스템, 즉 두뇌를 가진 동물에게도 적용될 수 있다. 사실 우리가 존재의 사슬the chain of being을 따라 '올라갈' 때 생기는 모든 차이는 바로 뉴런들을 연결하는 중간뉴런interneuron들의 개수와 신경시스템의 구조이다. 예를 들어 인간의 경우, 10^{11}개의 중간뉴런들은 몸 전체의 감각수용기 표면에 퍼져있는 10^7개의 감각뉴런들과 그와 연결된 10^6개의 운동뉴런들을 연결한다. 수시로 발생했다가 사라지는 뉴런의 자기조직 작용은 큰 두뇌일수록 더욱 현저하다. 가령 고양이 뇌의 경우, 지레를 누르는 간단한 시각-운동 작업 동안 오백만 개 내지 일억 개의 뉴런들이 활성화된다. 그러한 뉴런의 집단활동assembly은 척추동물의 두뇌에 고유한 대규모 분산 병렬처리를 뚜렷하게 보이면서 국부적 작업들의 조합으로 발생하는 것이다.[4]

내가 보기에 최근 확립된 두뇌의 구성에 대한 사실은 상호성의 법칙the Law of Reciprocity이라고 불러도 무방할 것이다. 만약 어떤 영역 (말하자면 두뇌피질이나 특정한 신경핵) A가 또 다른 영역 B와 연결되어 있다면, B도 역시 A에 **별도의 해부학적인 경로로** 연결되어 있기 때문이다. 가령 포유동물의 시각 체계를 생각해보자. 그 중에서도 망막으로부터 시각체계의 첫 번째 연결부위인 배후의 시상視床 (영역 A), 그리고 시상으로부터 일차 시각피질(영역 B), 다시 다른

---

4. E. John, Y. Tang, A. Brill, R. Young, and K. Ono, "Double-Labeled Metabolic Maps of Memory", *Science* 233(1986) : 1167-75.

대뇌피질까지의 잘 알려진 신호흐름을 살펴보자. 상호성의 법칙과 부합되게 영역 B로부터 영역 A로 거꾸로 연결되는, 즉 시각피질로부터 시상으로의 연결이 존재할 뿐만 아니라 오히려 시상으로부터 시각피질로의 연결보다 더욱 많은 연결이 존재한다.[5] 시상과 시각피질 사이의 양방향 뉴런의 연결은 단지 해부학적인 차이만이 아니다. 동물의 시각 능력은 이러한 되먹임feedback 고리의 완전성integrity에 달려 있다.

그러므로 지각-운동 작업에서 이루어지는 작용은 네트워크 구조, 즉 상호작용하는 고도의 양방향 시스템의 작용이며, 정보가 감각자료로부터 한쪽 방향으로 순차적인 단계를 거쳐서 추출되는 선형적인 과정의 작용이 아니다. 두뇌의 부분 네트워크 조직들 사이의 밀집된 상호연결은 모든 활성화된 뉴런들이 대규모의 분산된 뉴런들로 이루어진 앙상블의 한 부분으로서 작용하도록 해준다. 예를 들어 시각피질의 뉴런들이 시각적 자극visual stimulus의 특정한 속성(위치, 방향, 명암, 등)에 대하여 각기 다른 반응을 보인다고 하더라도 이러한 반응은 극히 단순화된(내부적이든 외부적이든) 환경에 놓인 마취된 동물에게만 일어난다. 보다 정상적인 감각조건 하에서 깨어있는 동물을 연구한다면 특정한 속성에 반응하는 전형적인 뉴런들도 몸의 방향이나 청각적인 자극과 같은 현상들에 대해 매우 불안정하고 민감하게 반응한다는 점이 명백히 드러날 것이다.[6] 하향적

---

5. W. Singer, "Extraretinal Influence to the Thalamus", *Physiol. Rev.* 57 (1977) : 386-420; F. Varela and W. Singer, "Neuronal Dynamics in the Visual Cortico-Thalamic Pathway Revealed through Binocular Rivalry", *Exp. Brain Res.* 66 (1987) : 10-20.

downstream[7]으로 가정된 운동기관motorium조차도 감각기관sensorium과 공명한다는 것을 보여 주기 때문에 감각적인 자극의 변화에 무관한 자세의 변화조차도 뉴런의 반응을 변화시킬 것이다.[8]

만약 우리가 실제적인 사례로 시각현상을 계속 논의한다면 이전의 논의를 한 단계 더 일반화할 수 있다. 최근의 연구에서 시각은 내면의 극미인에 의한 중앙 집중적인 영상의 '재구축'이 아니라 형태(모양, 크기, 강도), 표면성질(색깔, 질감, 반사율, 투명도), 3차원 공간관계(상대적 위치, 공간상의 3차원적 방향, 거리), 그리고 3차원 운동(궤적, 회전) 등과 같은 다양한 시각적 양상의 공동작용patchwork에 의한 것으로 밝혀지고 있다.[9] 시각의 여러 양상들은 **동시적으로 작용하는 하위네트워크들의 창발적인 속성**emergent properties of concurrent subnetworks이라는 것이 명백해졌다. 이러한 부분 네트워크들은 어느 정도의 독립성을 가지며, 심지어 해부학적으로 분리되어 있기까지 하지만 서로 상호작용하고 협동적으로 동작한다. 그래서 시지각 현상이라는 것은 바로 이러한 정합성coherency이라고 할 수 있다.

---

6. G. Horn and R. Hill, "Modifications of Receptive Fields of Cells in the Visual Cortex Occuring Spontaneously and Associated with Bodily Tilt", *Nature 221* (1974) : 185-87; M. Fishman and C. Michael, "Integration of Auditory Information in Cat's Visual Cortex", *Vision Research* 13 (1973) : 1415-19; F. Morell, "Visual System's View of Acoustic Space", *Nature 238* (1972) : 44-46.

7. [옮긴이] 두뇌로부터 말단기관으로 작용하는.

8. M. Abeles, *Local Cortical Circuits* (Berlin : Springer Verlag, 1984).

9. 예를 들어 다음 논문을 참조하라. E. DeYoe and D. C. Van Essen, "Concurrent Processing Streams in Monkey Visual Cortex", *Trends Neurosci.* 11 (1988) : 219-26. E. DeYoe and D. C. Van Essen, "Concurrent Processing Streams in Monley Visual Cortex", *Trends Neurosci.* 11 (1988) : 219-26.

이러한 종류의 구조는 행위자들의 '사회'society라는 민스키Minsky의 비유[10]를 강하게 연상시킨다. 이러한 다방향적 다중성multidirectional multiplicity은 우리의 직관에 상반되는 것이지만 복잡계[11]에서는 전형적인 현상이다. 내가 직관에 상반된다고 하는 이유는 우리가 입력-처리-출력의 전통적인 인과방식에 익숙해져 있기 때문이다. 앞서 언급한 어떤 설명도 두뇌가 전통적인 인과방식으로 정보를 '처리'한다는 것을 보여주지 않는다. 두뇌의 작용을 흔히 컴퓨터처럼 묘사하는데 그것은 명백히 옳지 않다. 대신 두뇌의 구조는 컴퓨터와는 다른 종류의 동작을 보여준다. 즉, 뉴런의 신호는 미시세계가 구성될 때까지 앞뒤로 움직이면서 점차적으로 정합성을 갖게 된다. 전체 동작은 약간의 시간이 소요되며, 이 약간의 시간은 모든 동물이 자연스러운 시간적 분석natural temporal parsing을 하기 때문이다. 인간의 두뇌에서 협동을 위한 혼란은 전형적으로 약 2백에서 5백 밀리초 정도 지속되고, 이만큼의 시간이 지각-운동체의 현재이다.[12] 단순한 내성內省, introspection으로 아는 것과는 반대로 인지는 한 상태에서 또 다른 상태로 끊어짐 없이 지속되는 것이 아니라 측정할 수 있는 시간 안에서 일어났다가 사라지는 단절된 행동패턴의 연속으

10. M. Minsky, *The Society of Mind* (New York : Simon & Schuster, 1987).
11. 용어풀이 참조.
12. R. Llinas, "The Intrinsic Electorphysiological Properties of Mammalian Neurons : Insights into Central Nervous System Function", *Science* 242(1988) : 1654-64; A. Gevins, R. Schaffer, J. Doyle, B. Cutillo, R. Tannehill, and S. Bressler, "Shadows of Thought : Shifting Lateralization of Human Brain Electrical patterns during a Brief Visuo-Motor Task", *Science* 220(1983) : 97-99; F. Varela, A. Toro, E. John, and E. Schwartz, "Perceptual Framing and Cortical Alpha Rhythms", *Neuropsychologia* 19(1981) : 675-86.

로 구성된다. 최근의 뇌과학, 그리고 일반적 인지과학의 이러한 통찰은 근본적인 것이다. 왜냐하면 이러한 통찰은 인지 행위자의 정상적인 행위를 설명하고자 할 때 이전의 중앙 집중적이고 극미인을 동원한 저급한 설명방식을 추구하는 전횡으로부터 벗어날 수 있게 해주기 때문이다.

인지를 단절된 행동패턴의 연속이라고 볼 때, 우리는 인지 행위자, 즉 주체의 분열이라는 관점이 야기한 많은 결과들에 관심을 갖게 된다. 내가 마음속에 가지고 있는 의문은 다음과 같이 정리할 수 있다. 모든 인지적 행위에 있어서 경쟁적인 여러 하위 과정이 있을 때 여러 미시세계 중의 하나가 주도권을 잡고 정해진 행위를 이루어가는 협상과 창발의 순간을 어떻게 이해해야 하는가? 좀 더 도발적으로 말하면 구체적이고 특정한 무엇이 나타날 때, 거기에 있음being-there의 바로 그 순간을 우리는 어떻게 이해해야 하는가?

여기서 제시하고자 하는 대답은 미시세계의 붕괴로 생긴 공백 안에는, 병렬적으로 동시에 활동하는 여러 하위 주체와 행위자들을 포함하는 풍부한 역동성이 있다는 것이다. 내면적 성찰에는 드러나지 않지만 여러 하위 주체와 행위자들들 사이에 '신속한 대화'rapid dialogue가 전개되고 있음이 최근의 뇌 연구를 통해서 밝혀졌다.

이러한 생각의 몇 가지 핵심적인 사항은 프리만Walter Freeman에 의하여 최초로 언급되었다. 그는 여러 해 동안의 연구를 통해서 토끼의 후각 연수olfactory bulb안으로 여러 개의 전극을 꽂는 데 성공해서 토끼가 자유롭게 행동하는 동안에도 전체 활동의 작은 부분을 측정할 수 있게 되었다.[13] 그는 동물이 하나의 특정한 냄새에 여러 차례 노출되지 않는다면 연수에서는 통일적 활동의 뚜렷한 패턴이 전혀 없다는 것을 발견하였다. 게다가 그러한 활동의 창발적 패턴은 피질이 통일된 전기 패턴으로 안정될 때까지 빠른 진동(5~10밀리초의 주기)에 의하여 부정합적 또는 혼돈적 활동이 배경이 되어 발생된다는 것도 그가 처음 발견하였다. 그리고 이러한 통일된 패턴은 냄새 맡는 활동이 끝날 때까지 지속되다가 다시 혼돈적인 배경 속으로 사라져버린다.[14] 그래서 이 진동들은 정확한 순간에 후각의 기반을 이루는 뉴런을 **선택적으로 연결하여**selectively binding 일시적으로 모일 수 있는 수단을 제공한다. 이러한 점에서 후각 역시 객관적인 외부 속성에 대한 대응mapping과 같은 관계가 아니라 동물의 체화된 역사에 기반해 의미를 구성하는enacting 창조적인 형태로 나타난다. 여기서 가장 적절한 설명은 이러한 구성enaction이 정합적 패턴을 일으키는 많은 뉴런들 사이의 빠르고 혼란스러운 활동을 통하여 하나의 행동에서 다음 행동으로 넘어가는 순간의 우연한 연결점에서 일어난다는 것이다.

하나의 지각이 진행되는 순간에 일시적으로 뉴런들의 앙상블들을 묶어주는 이러한 종류의 빠른 공명이 존재한다는 증거들이 늘어나고 있다. 예를 들면 고양이와 원숭이의 시각 피질에서 이러한 사실이 보고되었다. 이러한 사실은 조류의 두뇌나 하늘소 갯민숭이

---

13. W. Freeman, *Mass Action in the Nervous System* (New York : Academic Press, 1975).
14. W. Freeman and C. Skarda, "Spatial EEG Patterns, Nonlinear Dynamics, and Perception : The Neo-Sherringtonian View", *Brain Research Reviews* 10(1985) : 145-75.

Hermissenda 15와 같은 무척추 동물의 신경절들과 같이 근본적으로 다른 뉴런 구조들 속에서도 발견되었다. 이러한 보편성은 중요하다. 왜냐하면 이같은 보편성이 감각-운동 접속coupling의 구성을 가능하게 하는 기제mechanism로서 공명결합resonance binding의 근본적인 성질을 지시하고 있기 때문이다. 가령, 공명결합이 포유류에게만 국한된 것이라면 작업가설로서 흥미가 훨씬 떨어졌을 것이다. 여기서 중요한 것은 감각 자극이 촉발되어서 전체적 공명이 신속하게 일어난다 하더라도 그 과정은 결코 단순하지 않다는 점이다. 진동들은 두뇌의 다양한 장소에서 매우 빠르고 순간적으로 나타났다가 사라지기 때문이다.

미시세계의 붕괴 속에서 나타나는 이러한 진동들은 현 상황에 의해 활성화된 상이한 행위자들이 서로 다른 해석양식으로 정합적인 인지적 틀과 행동태세를 갖추려고 다투면서 벌이는 매우 신속한 상호 협동과 경쟁의 징후로 보인다. 이러한 역동성에 모든 하위네트워크들이 관여하면서 다음 순간의 전체적인 행동태세가 결정된

---

15. 최근 연구동향을 알기 위하여 다음을 참조하라. S. Bressler, "The Gamma Wave : A Cortical Information Carrier", *Trends Neurosci.* 13(1990) : 161-62; C. Gray and W. Singer's "Stimulus-Specific Neuronal Oscillations in Orientation Columns in Cats Viusal Cortex", *Proc. Natl. Acad. Sci.* 86 (1989) : 1968-1702. 이 논문은 이러한 가정을 지지하는 많은 증거를 보여준다. 갯민숭달팽이에 대해서는 다음을 보라. A. Gelpern and D. Tank, "Odour-Modulated Collective Network Oscillations of Olfactory Interneurons in a Terrstrial Mollusc", *Nature* 345(1990) : 437-39. 그리고 조류의 뇌에 대해서는 다음을 보라. S. Neuenschwander, A. Engel, P. Koenig, W. Singer, and F. Varela, "Synchronization of Neuronal Responses in the Optic Tectum of Awake Pigeons", *Visual Neurosci.* 13 (1996) : 576-84. [옮긴이] 단백광 갯민숭달팽이라고도 불리우는 하늘소 갯민숭이과의 바다해양생물

다. 여기에는 감각적 해석과 운동적 작용뿐만 아니라 미시세계의 구성에서 중요한 의미를 지니는 온갖 인지적 기대와 정서적 색조도 포함된다. 이러한 역동성을 바탕으로 결국 하나의 뉴런 앙상블이 (하나의 인지적 하위네트워크가) 우세해져서 인지적으로 다음 순간의 행동양식, 곧 미시세계가 되는 것이다.

내가 우세하다고 말할 때 이것이 최적화 과정을 뜻하는 것은 아니며, 오히려 혼돈스러운 역동성속에 발생하는 분지分岐, bifurcation와 더욱 비슷하다. 당연히 그러한 자율적 행위의 발생순간은 삶 속의 경험으로 포착될 수 없는 것이다. 왜냐하면 정의상 미시주체가 드러났을 때만 우리는 미시주체로 존재할 수 있으며, 미시주체가 잉태되는 시간에는 미시주체가 존재할 수 없기 때문이다. 다른 말로하면, 다음 미시세계가 나타나기 전 붕괴의 시기에는 상황의 제약과 역사의 반복으로부터 하나의 미시세계가 선택되기 전까지 수많은 미시세계로 나아갈 수 있는 가능성이 존재하는 것이다. 이렇게 빠른 역동성은 인지 행위자에게 주어진 매 순간마다 인지 행위자가 스스로 구성하는 뉴런의 상호작용이다

창발적 성질과 가상 자아

지금까지 논의한 인지적 자아의 정체성의 본질은 분산처리를 통해 창발되는 것의 한 예이다. 중간뉴런 네트워크의 창발적 성격

은 매우 풍부하므로 이 점에 관해서 좀 더 논의할 가치가 있다. 내가 여기서 강조하고 싶은 것은 비교적 최근의 (그리고 매우 놀라운) 결론이다. 그 결론은 단순한 속성을 가진 많은 행위자들이 함께 — 심지어 우연한 방식으로 중앙 통제 없이도 — 목적적이고 통일된 전체로써 관찰자에게 나타나는 무엇인가를 **발생시킨다**는 것이다. 우리는 행동 밑에서 끊임없이 일어나고 사라지는 뉴런들의 앙상블을 논의하며 이미 이 주제를 다루었지만, 이 주제를 더욱 일반화시켜 설명해보고자 한다. 나의 결론은 생물학적 사례로부터 고무된 다양한 복잡계에 관한 현재의 연구성과에 기초를 두고 있다.[16]

이러한 사례들 중에서 가장 흥미로운 것이 집단사회를 형성하는 곤충들이다. 벌집이나 개미굴은 오랫동안 하나의 '거대 유기체'로 간주되어 왔으나 최근까지도 단순한 비유 이상의 것은 아니었다. 1970년대에 정교한 실험이 행해졌고 그 결과는 전체 곤충사회를 고려하지 않는다면 설명될 수 없는 것이었다.[17] 그러한 훌륭한 연구들 중의 한 연구는 실험을 위하여 네오포네라 아피칼리스 Neoponera Apicalis라는 개미의 집단으로부터 가장 유능한 보모nurse개미만을 모아서 새로운 작은 개미집단를 형성시켰다. 새롭게 형성된 개미집단에서 보모개미들의 사회적 역할이 급격히 변해서 양육하

---

16. C. Langton, *Articial Life* (Reading, Mass.: Addison-Wesley, 1989); B. Goowin and P. Saunders, eds., *Theortical Biology : Epigenetic and Evolutionary Order from Complex Systems* (Edinburgh: Edinburgh University Press, 1989); J. Farmer, A. Lapedes, N. Packard, and B. Wendroff. Eds., *Evolution, Games and Learning* (Amsterdam : North-Holland, 1986); S. Wolfram, *Theory and Applications of Cellular Automata* (Singapore : World Scientific, 1986); Bourgine and Varela, *Towards a Practice of Autonomous Systems.*
17. E. O. Willson, *The Insect Societies* (Cambridge : Harvard University Press, 1971).

는 일은 적어지고 먹이를 구하는 일이 많아졌다. 원래의 개미집단
에서는 그 반대의 일이 일어났다. 그전의 낮은 등급의 보모개미들
이 양육활동을 많이 하게 된 것이다. 이 연구는 전체 개미집단이 구
성적인 정체성configurational identity(또는 상대적 배치에 따른 정체성)
과 기억을 보존하고 있음을 실질적으로 보여주었다. 유능한 보모개
미들이 원래 사회로 복귀하게 되자 이전의 역할로 되돌아갔다.[18]

  곤충사회에 있어서 특별히 놀라운 점은, 그 사회의 개별적 구성
요소가 개체라는 점, 그리고 그 사회는 중앙 통제적인 자아 또는 국
부적인 자아 그 어느 것도 가지고 있지 않다는 점을 우리가 그대로
인정해야 한다는 것이다. 그러나 전체는 하나의 덩어리로 움직이고
있으며 마치 전체의 중앙에서 조정하는 행위자가 있는 것처럼 보인
다. 이것은 내가 '무아적(또는 가상적) 자아'라고 부르는 것과 정확히
일치하는 것이다. 간단한 구성 요소들의 활동으로부터 창발하는 정
합적 전체 패턴이 마치 중심부에 있는 것 같지만 어느 곳에서도 발
견되지 않는다. 그러나 이 전체 패턴은 전체의 행위를 위한 상호작
용수준에서는 필수적인 것이다.

  간단한 구성 요소들의 협동적 활동이 빚어내는 창발적 특징을
복잡계가 어떻게 보여주는가에 대한 모델의 수용은 인지적 이해에
매우 중요하다고 생각한다. 이 모델은 이제껏 주류로 형성되어온
계산주의자 전통에 명백한 대안을 제시한다. 계산주의자의 전통은

---

18. D. Fresnau and J. Lachaud, "La régulation sociale : Donnés préliminaries sur les
    facteurs individuals controlant l'orgnization des taches chez Neopanera apicalis", *Actes
    Coll. Insects Sociaus* 2 (1985) : 185-93.

외부세계에 대한 중앙 통제적이고 내부적인 표상을 연속적으로 재구성하기 위하여 감각입력이 연속적으로 처리된다고 가정한다.

새로운 모델이 두뇌에 적용되면 왜 계층적 구조의 전형적 컴퓨터 알고리즘 없이도 무차별적[19]으로 전체 네트워크와 부분 네트워크가 상호 작용하는지 설명할 수 있다. 이것을 다르게 표현하면 두뇌에는 소프트웨어와 하드웨어 사이의 원칙적인 구별이 없으며 더욱 정확히 말하면 기호와 비기호 사이의 구별도 없다는 것이다. 나는 독자들이 계산주의가 오랫동안 주도한 주장을 넘어서서, 인지적 자아를 어떤 컴퓨터 프로그램이나 상위 수준의 계산적 묘사로 개념화하는 계산주의적 경향에 대하여 대처할 수 있도록 이러한 사실을 강조한다. 왜냐하면 인지적 자아는 전혀 계산주의자가 주장하는 것과 같은 것이 아니기 때문이다. **인지적 자아는 스스로 구현**its own implementation**되는 것이다. 이것의 역사와 행위는 한 덩어리이다.**

사실 우리가 행위라고 부르는 규칙성에 근본이 되며 현대 인공 신경망 기계에서 발견할 수 있는 모든 것은 앙상블간의 상호작용이다. 우리는 이러한 앙상블들의 일부가 프로그램으로 묘사할 수 있을 정도로 규칙적으로 반복되는 것을 볼 수 있지만, 이것은 별도의 문제이다. 창발하는 앙상블들이 인공적으로 만들어졌다고 하여도 그것을 계산주의자의 '계산'computation이라고 할 수는 없다. 왜냐하면 그 창발적 앙상블의 역동적 과정들을 상위 수준 알고리즘의 구현으로 정식화할 수는 없기 때문이다. 신경망은 아주 세부적인 면에서

---

19. [옮긴이] 규정된 방식에 따르지 않고 수시로 다양한 형태로 조합되는.

도 기계어와 비슷하지 않다. 왜냐하면 기본적인 동작 수준으로부터 어떤 의미체계를 가진 행위가 일어나는, 보다 높은 창발적 수준 사이로의 어떤 전이transition도 없기 때문이다. 만일 있을 수 있다면 고전적인 컴퓨터의 지혜가 즉시 적용될 수 있다. 우리는 하드웨어가 (시간과 공간의 제약 외에) 실제 계산과정에 있어서 큰 의미가 없기 때문에 하드웨어를 무시할 수 있다. 대조적으로 분산된 네트워크 모델에서는 바로 이러한 '세부사항들'이 전체적 효과를 가능하게 하는 것이며 이 모델을 전통적 인공지능과 분명하게 구별시키는 지점이기도 하다.[20] 당연히 우리가 이전에 논의한 바와 같이 두뇌 안의 자연 신경망에서도 같은 결과를 도출할 수 있다.

우리는 자아의 두 번째 측면인 환경과의 관계 방식에 대하여 명확히 설명할 필요가 있다. 일상적인 삶은 필수적으로 다양한 지각-운동 시스템 안에서 진행되고 있는 병렬적인 활동에 의하여 해야 할 일을 끊임없이 재정의하는 '상황적' 행위자의 삶이다. 해야 하는 일에 대한 이러한 계속적인 재정의는 잠재적 대안의 다양한 목록으로부터 고를 수 있는 계획과는 전혀 다른 것이다. 그것은 주로 우연성과 즉흥성에 따라 결정되며, 어떠한 계획으로 할 수 있는 것보다 유연하다. 상황적인 인지적 개체는 정의상으로 관점perspective을 가지고 있다. 이것은 인지적 개체가 시스템의 위치, 방향, 태도, 그리

---

20. P. Smolensky, "On the Proper Treatment of Connectionism", *Beh. Brain Sci.* II (1988) : 1-74; D. Dennett, Mother Nature versus the Walking Encyclopedia : A Western Drama, in S. Ramsey, D. Rummelhart, and S. Stich, eds., *Philosophy and Connectionist Theory* (New Jersey : Lawrence Erlbaum, 1991).

고 역사와 독립적이지 않다는, 즉 그의 환경과 객관적으로 무관하지 않다는 관점이다. 환경은 인지적 개체가 행위자 자체의 끊임없이 창발하는 속성에 의하여 확립한 관점과 관련된다. 그리고 역할이라는 측면에서 그러한 계속적인 재정의는 전체 시스템과 정합성을 유지한다.

여기서 우리는 '환경'과 '세계'를 엄밀히 구별해야 한다. 왜냐하면 인지적 주체가 양쪽 모두에 존재하지만 같은 방식으로 존재하지는 않기 때문이다. 신체는 직접적인 방식으로 환경과 상호작용한다. 이러한 상호작용은 전혀 놀라울 것이 없는 감각변환sensory transduction, 기계적 행위, 등과 같은 거시물리학적 접촉들encounters의 속성을 가진다. 그러나 이러한 상호작용적 결합은 이러한 접촉이 **시스템 자체의 관점으로부터** 포착되어질 때만 가능한 것이다. 이러한 포착은 관점에 기초한 **잉여 의미**surplus signification의 정교화를 필요로 한다. 이것이 인지 행위자 세계의 원천이기 때문이다. 환경에서 만나게 되는 것은 그 무엇이 되었건 가치가 있을 수도 있고 없을 수도 있으며, 상호작용을 할 수도 있고 그렇지 않을 수도 있다. 잉여 의미의 기본적인 평가는 결합 사건이, 작용하는 지각-운동 단위와 접촉하는 방식과 분리될 수 없다. 사실 그러한 접촉은 **의도**를 일으키고 (나는 '욕망'이라고 부르고 싶다), 이 의도는 살아있는 인지 작용에 특별한 것이기 때문이다.[21]

달리 말하면 인지적 자아에게 있어서 환경의 속성은 흥미로운

---

21. D. Dennett, *The Intentional Stance* (Cambridge : MIT Press, 1987).

것이다. 그것은 의미의 잉여를 위하여 필요한 것이다. 즉흥 재즈 연주처럼 환경은 인지 시스템의 신경망의 음악에 영감을 준다. 사실 인지 시스템은 환경과의 끊임없는 결합과 끊임없이 일어나는 창발적 조절 없이는 결코 존재할 수 없다. 결합된 활동의 가능성이 없다면 시스템은 단지 유아론적solipsistic 유령이 되어 버릴 것이기 때문이다.

가령 빛과 반사(경계, 질감과 같은 많은 다른 거시 물리적인 변수 중의 일부이지만 논의를 위하여 단순화하였다)는 신경시스템에 기반을 둔 다양한 색채영역에 필요한 것이다. 각각 다양한 진화경로를 거치면서 어류, 조류, 포유류, 곤충류들은 행위적 중요성에서뿐만 아니라 또 다른 차원에서도 다양한 서로 다른 색채영역을 가지고 있다.22 동물마다 다른 색채지각의 차이는 색채를 분해하는 능력의 문제가 아니다. 색채는 분명히 환경적 입력으로부터 특별한 방법으로 재현시킬 수 있는 속성이 아니다. 색채는 환경으로서 고려해야 할 어떤 것들을 부분적으로 정의하는 적극적인 자율적 자아의 역사와 환경 사이의 계통발생적phylogenetic 대화에서만 보이는 어떤 차원이다. 빛과 반사는 결합의 형태(촉발할 수 있는 계기)를 제공한다. 즉, 막대한 정보처리능력의 신경망이 감각운동 일관성을 유지하며, 상상하고 제시할 수 있는 능력을 행위로 옮길 수 있는 계기를 마련해주는 것이다. 이것은 모든 것이 일어난 후後의 일이다.

---

22. 이것에 대해서는 다음을 더 참조하라. E. Thompson, A. Palacios, and F. Varela, "Ways of Coloring : Comparative Color Vision as a Case Study in Cognitive Science", *Beh. Brain Sci.* 15 (1992) : 1-45.

즉, 우리와 다른 **세계들**의 색채처럼 결합의 형태가 정형화되고 반복적이 된 후에야 관찰자인 우리는 "색채가 이 세계의 한 측면을 나타낸다"라고 말하는 것이다.

　신경망의 "대화" 생성자로서 이러한 잉여 의미와 놀라운 두뇌 능력을 보여주는 최근의 극적인 사례는 소위 가상현실이라고 부르는 기술에서 볼 수 있다. 눈앞에 카메라가 달린 헬멧과 동작을 위한 전기전달장치를 가진 장갑이나 옷은 환경과의 결합을 통해서가 아니라 컴퓨터를 통해서 연결된다. 그래서 손과 몸의 움직임은 전적으로 프로그램 작성자가 통제하는 원칙에 따라 생성된 이미지image에 대응된다. 예를 들어 '가상' 그림 손으로 나타나는 내 손이 어떤 장소를 가리킬 때마다 나의 눈에 비치는 이미지는 선택되어진 장소로 날아가는 것처럼 가상적으로 보인다simulate. 그러므로 시각과 운동은 새로운 방식의 감각-운동 결합에 적절한 조절을 발생시킨다. 여기서 나에게 중요한 것은 '가상'세계가 실제인 것처럼 보이는 것이 얼마나 빠르게 나타나는가 하는 것이다. 약 15분 정도만 지나면 우리는 새로운 세계에 있는 즉, 장치를 착용하고 있는 몸에 적응하기 때문이다. 이 세계에 관한 한 벽을 뚫고 날아가거나 무한한 우주 속으로 뛰어드는 것과 같은 경험은 완전히 '진짜'처럼 느껴진다. 이러한 '현실 전환'reality shift은 개인용 컴퓨터에서 수행되기 때문에 이미지의 질이 좋지 않더라도, 감지기의 감도가 떨어지더라도, 감각 장치와 이미지와의 인터페이스가 제한적이더라도 일어난다. 신경시스템은 이런 간단한 장치가 요구하는compelling 세계도 하나의 환경이 되게 하는 놀라운 합성장치synthesizer이다.

인공지능의 가장 실용적인 분야도 점진적으로 향상되는 내부의 자기조직 모듈을 가진 행위자의 상황을 연구하기 시작하였다.[23] 지능적 행위를 만들어 내는 것이 그러한 점진적인 방법, 즉 행위자의 감각운동 생존능력에 충실하게 의존하는 방법으로 이루어질 때 '세상은 표상되어야 할 정보의 원천이다'라는 개념은 설 자리가 없어진다. 대신에 인지 자아의 자율성 자체가 연구의 초점이 된다. 그래서 새로운 로봇공학(또는 브룩스가 말하는 것처럼 새로운 인공지능)을 위한 브룩스의 연구에서 간단한 기능을 가진 작은 창조물들은 창조물들 사이의 공생규칙을 통한 다양한 활동으로 서로 협조한다. 이러한 공학적 전략은 두뇌 안에서 어떤 모듈 부분 네트워크가 다른 모듈 부분 네트워크와 얽히는 방식과 동일한 진화적 과정으로 이루어진다. 인공지능에 대한 이러한 새로운 접근은 새로운 장치를 발명하였다. 그 장치는 주어진 환경이나 최신으로 만들어진 최적 계획에 의존하는 취약한 정보처리장치보다 더욱 지능적이고 자율적이며 적절하게 동작한다.

브룩스의 연구에서 특히 상황에 따른 지각과 운동 기술을 분리할 목적으로 인공지능의 추상화 경향(다른 인지과학에서도 마찬가지인)을 '인공지능의 기만'이라고 부르는 이유를 살펴보는 것도 흥

23. Ph. Agree, *The Dynamic Structures of Everyday Life*, Report No. AI-TR 1085 (Cambridge : MIT Artificial Intelligence Laboratory, 1988); R. A. Brooks, "Achieving Artificial Intelligence through Building Robots", *A.I. Memo* 899 (Cambridge : MIT Artificial Intelligence Laboratory, May 1986); idem, "Intelligent without Representation", MIT Artificial Intelligence Report, 1987.

미룹다. 내가 여기서 주장하듯이 (그리고 브룩스의 주장처럼) 그러한 추상화는 인지적 지능이 **오직 자신의 체화에서만 존재한다는** 인지적 지능의 핵심을 놓치는 것이다. 이것은 인지 문제를 두 개의 종류로 나누는 것과 같다. 추상화를 통해서 해결할 수 있는 문제와 그렇지 않은 문제. 두 번째 종류에는 불특정한 환경에서 발휘되는 행위자의 지각능력과 운동능력이 전형적으로 포함된다. 인지적 지능을 자기 상황적self-situated 관점으로부터 접근하게 되면 전통적 의미에서 세계의 표상을 전달하는 지각이 성립할 여지가 없다는 것이 자명해진다. 세계는 지각-운동 조절의 구성enactment을 통하여 나타난다. 브룩스는 다음과 같이 말한다.

> 중앙 집중적인 표상이 없는 것처럼 중앙 통제시스템도 없다. 각 활동층은 지각과 행동을 직접적으로 연결한다. 중앙 집중적 표상이나 제어로 원인을 돌리는 존재는 관찰자뿐이다. 그 존재 자체는 아무것도 가지고 있지 않다. 그것은 경쟁하는 행위의 집합이다. 관찰자의 눈에는 정합적 행동패턴으로 보이는 것이 상호작용하는 지역적 혼돈으로부터 창발한다.24

가상적 인격으로서의 자아

우리는 기본적인 행위수준과 더욱 정교한 인지수준 모두에서

---

24. Brooks, "Achieving Artificial Intelligence", p. 11.

자아 없는 자아에 대한 생각을 좋아하지만, 데넷은 다음과 같이 말한다. 우리는 우리 자신의 자아로부터 자유로워지고 싶어 한다. 하지만 문제는 우리가 그렇지 않은 것처럼 보인다는 것이다. 즉, 우리는 하향적이며, 중앙 집중적이며 전체를 통제하고 있는 것처럼 보인다.[25] 이것이 우리가 중앙 집중적 센터나 행위자로 비춰지거나 극미인 같은 존재가 되거나 또는 과정으로서의 자아와 같은 더욱 애매한 느낌을 강요받는 이유이다.

분산 네트워크 과정들에서 창발하는 속성들에 대한 새롭지만 여전히 단편적인 이해가 근본적으로 새로운 까닭은 이 속성들이 자아 없는 자아에 대한 **강한** 은유, 아니 사례이기 때문이라고 나는 생각한다. 자아 없는 자아는, 어느 곳에서도 발견되지 않지만 뉴런 앙상블들의 협동적 활동을 위한 기회를 제공하는 통일성 있는 전체이다. 나는 이러한 은유의 강력함을 강조한다. 왜냐하면 최근에 연구된 몇 개의 사례가 없다면 전체성으로 지칭되기 쉬운 명백한 비지역화의 역설은 모순이 되어버리고, 이 명백한 역설이 건설적인 상위 수준meta-level에서 설명되지 않는다면 우리는 자아와 개인의 존재와 비존재에 대한 전통적인 논쟁 속으로 쉽게 되돌아 가버리게 된다. 역설로 보이는 것은 수준들 사이의 두 가지 방향의 운동 사이에 있다 : 이것은 구성요소들로부터 속성들이 창발하는 '상향' 운동이자 전체적 응집성이 국부적 상호작용에 제약을 가하는 '하향' 운동이기도 하다. 그 결과는 (그리고 이 역설의 해결은) **가상 인터페이**

---

25. D. Dennett, review of *Artificial Life, Biology and Philos.*, 2 (1991) : 23-25.

스처럼 마치 실재하듯 행동하는 비실체적 자아non-substantial self이다.

우리가 유기체의 여러 '영역'에서 우리 자아의 무아적 성질을 알게 될수록 우리는 참된 중심으로서의 '나'란 느낌을 더욱 의심하게 된다. 우리는 살아있고 자연세계에서 정말 특별한 존재이거나, 아니면 우리가 느끼는 중심적이고 개인적인 자아는 우리가 기본적인 감각운동적·인지적 자아에 대하여 이미 수행했던 것과 같은 종류의 분석에 의하여 설명 가능한 중심에 대한 동일한 종류의 환상인 것이다.

말할 필요도 없이 나는 분명히 두 번째를 선호한다. 우리가 '나'라고 부르는 것은 우리의 재귀적 언어능력, 자기묘사, 그리고 서술narration을 위한 특별한 능력에서 생겨난다고 분석할 수 있다. 신경심리학으로부터의 오랜 증거가 보여주듯이 언어는 우리가 인지적인 다른 모든 것과 공존하는 또 다른 기본적인 능력이다. 인격적 '나'에 대한 우리의 감각은 일상적 삶에서 동시에 이루어지는 활동의 어떤 측면에 대해 진행되고 있는 해석적 대화narrative로 설명될수 있고, 미시주체들의 전형적인 관심에 따라 끊임없이 이동한다. 또한 대화에 의하여 이루어진 구성이기 때문에 상대적으로 덧없는 것이다.[26]

이러한 서술적 '나'가 필연적으로 언어를 통해서 구성되었다면, 그 언어가 사회적 현상으로 작용할 수밖에 없기 때문에 개인적인 자아는 일상적인 생활과 연결되게 된다. 사실 한 단계 더 나아간다

---

26. 대화의 중심으로서의 자아에 대한 논의는 다음을 참조하라. D. Dennett, *Conscious Explained* (New Work : Little, Brown, 1991).

면 자아 없는 '나'는 신경시스템을 가진 모든 존재에게 공통적인 육체적 신체와 인간이 살고 있는 사회적 활동 사이의 다리이다. 나의 '나'는 개인적이나 사회적이라기보다 오히려 두 가지가 함께 하는 것이다. 그래서 이러한 종류의 서술은 가치, 습관, 기호 등과 함께 한다. 순전히 기능주의자의 논리에 따르면 '나'라는 것은 다른 사람과 상호작용을 **위한** 것 그리고 사회생활을 영위하기 **위한** 것으로 언급될 수 있다. 이러한 구별로부터, 자아 없는 나가 기본적인 요소인 사회생활의 창발적 성질이 나타난다. 그래서 우리가 법이나 사회적 역할과 같은 규제를 알게 되고 그것들을 외부로부터 주어진 것으로 간주할 때마다, 우리는 사회적 상호작용에 의하여 중재되는 복잡하고 분산적인 과정의 실제 창발적 성질에 대하여 실질적인 주체성을 상정하는 오류에 굴복하게 된다. 전통적으로 그랬던 것처럼 그러한 창발적인 사회적 성질은 외생적 준거점으로 투사될 수 있다. 그러나 그것들 역시 내가 여기서 따르는 것과 같은 종류의 분석을 통해서 해체될 수 있다.

흥미롭게도 우리가 '나'를 가상적인 것으로 ─ 언어적 폐쇄성 closure과 창발적이고 분산된 속성들의 산물로 ─ 재해석하는 것을 받아들일 때조차도 일상적인 삶에서 우리의 자연적 성향은 마치 아무것도 변화된 것이 없는 것처럼 계속된다. 이러한 현상은 자기-구성의 과정이 몰입적인 것이기 때문에 이것을 통해 아는 것은 확실할 수 있는 분석 이상의 것이 필요하다는 최고 증거가 된다. 이렇게 정체성을 구성하려는 뿌리 깊고도 끊임없이 활동적인 충동이 **공**空,

sunya이라는 것을, 본질적으로 가상이라는 것을 깨닫기 위해서는 학습과 꾸준한 변화의 노력이 필요하다.

가상 자아의 실제pragmatics

핵심 주장

이제 우리는 자아의 비어있음의 속성과 윤리적 노하우에 대한 그 속성의 관련성을 파악하기 위해 필요한 이해와 정보를 가지고 있다. 현대 서구과학은 자아가 가상적이고 비어있다는 것, 그리고 자아는 우리의 미시세계 안의 혼란과 대면하면서 연속적으로 일어난다는 것을 가르친다. 도교, 유교, 그리고 불교 역시 윤리적 숙련은 속성상 진행적이고 일상적인 삶과 활동 속에서 이러한 비어있는 자아의 계속되는 실현에 기반을 두고 있다고 가르친다.

이러한 두 개의 전통은 서로를 지지하고 있으며, 그 점은 이 강의에서 내 주장의 핵심인 다음과 같은 가설의 기반을 제공한다.

윤리의 노하우ethical know-how는 점진적이고 직접적으로 자아의 가상성과 익숙해지는 것이다.

우리는 일반적으로 우리 본성의 단편적이고 가상적인 측면을 회피한다. 그러나 수행은 윤리적 학습의 모든 것이다. 다른 말로 하면 우리가 변화되도록 수행하지 않는다면 우리는 결코 높은 수준의 윤리적 숙련expertise을 얻을 수 없다. 비어있는 자아를 체화하는 배움은 분명히 어렵다. 그러나 이러한 모든 지혜의 전통은 이 숙련을 얻는 것이 점진적이고 끝이 없는 과정일 뿐만 아니라 가장 중요하다는 점에서 일치한다.

정신분석의 교훈

인격적 변화에 대한 관심을 중국적 취향 정도chinoiserie로 치부해서는 안 된다. 서구 전통 가운데 유사한 결론에 도달한 정신분석에 대해 잠시 살펴보기로 하자. 나의 목적을 위하여 정신분석은 특별히 중요하다. 왜냐하면 그것이 인간변화의 실천에 관한 유일한 서구 전통이기 때문이다. 라깡이 말했듯이 무의식은 그 핵심에 있어서 윤리적이다.[27] 그러나 이러한 언급은 행동의 이성적이고 연역적인 원리를 추구하는 서구적 전통에서 해석되어서는 안 된다. 라깡이 주장하는 것은 서구적 전통보다는 우리의 주장과 더욱 가깝다. 즉, 윤리적이라는 것은 알고 있는 주체의 상태를 의문으로 빠트려서 정신분석을 통하여 개인을 위한 치료공간의 필요성을 강조한다는 것을 의미한다. 잘 알려져 있듯이 분석적 치료는 의료적 치료가 아니라 욕망의 광기를 정지시키는 것에 가까우며 이것은 결국 가상

---

27. "Le Statut de l'inconscient set ethique", J. Lacan, *Quatre concepts fundamentaux de la psychoanalyse* (Paris : Editions du Seuil, 1979), p. 35.

적 자아가 창발하는 기존 방식을 정지시키는 것과 같다. 이러한 입장 자체가 윤리적인 것이다. 이것이 무의식에 관한 노하우의 윤리학이다.[28]

이러한 종류의 윤리적 노하우는 우리가 어떠한 도덕적 원칙도 그 자체로는 실현될 수 없다는 것을 깨닫도록 시도하는 것을 요구한다. 왜냐하면 분석과정을 통해 점차 분명해지듯이 우리는 어떤 희망이나 기대가 아무리 합리적으로 보이더라도 결코 그것으로 만족할 수 없는 운명에 처해 있기 때문이다. 객관적으로 바람직한 사회적 질서나 도덕적 질서 같은 것은 있을 수 없다. 그리고 그 근저에는 정신분석의 근본적 통찰이 깔려 있다. 즉 통일된 중심 자아를 상정하는 이론들과 달리 주체에 관한 정신분석 이론들은 개인 안에서 그리고 개인들 사이에서 자아를 여러 조각으로 분열시킨다. 윤리학에 대한 분석적 입장은 결코 연민이나 애덕caritas과 같은 동정에 기반을 두어서는 안 된다. 왜냐하면 그것은 항상 그리고 이미 욕망의 광기에 전염되어 있기 때문이다.[29] 대신 윤리적 노하우는 우리가 다른 것으로 판명된 유혹을 물리치고 피할 수 없이 일시적이고 단편화된 우리 자신과 다른 사람을 알기 위한 배움의 여정을 시작할 것을 제안한다. 이러한 윤리적 연결에 대한 요구는 정신분석의 세계에서 유일하게 가능한 참된 사랑인 전이transference에서 분명하게 드러난다. 전이의 사랑은 주체를 이상적인 중심 또는 도덕원리 같

---

28. John Rachman, *Le savior faire avec l'inconscient : Ethique et psychanalyse* (Bordeaux : William Blake, 1986).
29. Jonathan Lear, *Love and Its Place in Nature* (New York : Farrar Strauss, 1990).

은 환상에 연결하려고 시도하지 않는다. 그 대신에 주체 자신이나 타인에게서 이상적인 것으로 간주되는 모든 특성들이, 영원히 단편적이고 가상적인 것을 완전한 실체로 만들려는 실현 불가능한 욕망에 완전히 포섭되어 있음을 폭로하려고 끊임없이 시도한다.

서구의 이 전통은 (적어도 몇몇 학파의 경우에 그리고 비록 나름의 괴벽을 지니고 있지만) 전통적 가르침의 지혜나 높은 윤리적 수행에 근접하는 이상을 추구한다. 이제 두 번째 강의에서 간략히 다루었던 보살이라는 불교도의 이상을 묘사하는 것으로 이러한 전통적인 가르침으로 돌아가 보자.

전통적 가르침의 교훈

우리가 보아온 모든 불교도의 전통에서 자아의 비어있음을 깨닫는 수행은 바로 윤리적 훈련을 포함한 모든 훈련의 핵심적인 바탕이다. 모든 순간에 비어있음을 깨닫는 수행은 주의와 자각 또는 선정-관禪定-觀, samatha-vispasnya의 수행으로 알려져 있다. 핵심적인 것은 극단적이지 않은 수행이며, 그렇게 하는 것이 전통적으로 보편적인 훈련으로 이해되어져 왔다. 그러나 이러한 수행이 지구의 절반이 넘는 곳에서 2천 5백년 이상 개량되고 탐구되어 왔음에도 불구하고 서구에서는 결코 독자적으로 탐구된 적이 없다.[30] 정신분석

---

30. 마음의 훈련, 분석의 전통과 인지과학의 관계에 대해서는 다음을 참고하라. Varela, Thompson, and Rosch, *The Embodied Mind*. 여기의 글은 *The Embodied Mind*의 2장으로부터 몇 가지 아이디어를 빌려왔다.

에서 필요한 분석자의 사무실 공간 대신 선정-관 수행은 무응답 등의 무행non-action을 통해서 그러한 공간을 만들어 낸다.

주의/자각을 수행하는 수행자는 정교하게 마련된 방법으로 순간순간 마음이 행하는 것, 마음의 산란함, 그리고 끊임없이 집착하는 것을 관찰함으로서 시작한다. 이러한 시작은 수행자로 하여금 생각의 습관적 패턴으로부터 스스로를 자유롭게 하여 좀 더 나은 집중에 이르게 한다. 결국 수행자는 자신의 실제 경험 속에는 자아가 없다는 것을 깨닫기 시작한다. 이러한 발견은 쉽게 흔들릴 수 있다. 이러한 흔들림은 수행자가 용기를 잃고 허무주의nihilism같은 다른 극단으로 치닫게 할 수도 있다. 허무주의로의 이러한 도주는 실체적 자아에 집착하는 반사작용이 너무도 강하고 뿌리 깊은 것이기 때문에 자아의 부재를 절망으로 받아들인다는 것을 보여준다.

그러나 수행자가 수행을 계속함에 따라 그리고 그의 마음이 집착에서 깨달음으로 더욱 나아감에 따라 온정과 끌어안는 마음이 아주 자연스럽게 나타나기 시작한다. 이기심과 경계심으로 가득한 채 이전투구를 벌이는 마음은 점차 사라지고 그 자리에 타인에 대한 관심이 들어선다. 우리는 이미 우리에게 가장 부정적인 것에서 조차 긍정적이 되고, 이미 가족이나 친구와 같이 다른 사람에 대해서도 따뜻함을 느낀다. 그것은 맹자가 아이가 우물에 빠지려고 할 때 생기는 자발적인 관심의 분석을 통하여 윤리적 훈련을 하는 것과 같은 방식이다. 연대감의 의식적인 지각과 전혀 편견 없는 온정의 계발은 맹자나 도교 전통에서도 언급되었던 수련의 방식과 놀라울 정도로 비슷하며, 그러한 계발은 다양한 수행을 통해 주의와 자각의 전통 속에서 키워진다.

마음의 온정이 없다면 무근거성groundlessness의 완전한 깨달음은 결코 일어나지 않는다고 한다. 이러한 이유로 공성sunyata으로서의 무근거성을 주로 제시해 온 대승불교 전통에서도 같은 비중으로 보완적인 자비로서의 무근거성이 존재한다. 여기서 자비라고 번역되는 산스크리트 원어는 카루나karuna이다. 이러한 번역이 약간의 문제가 있지만 달리 만족할 만한 용어가 없다. 사실 전통적인 대승불교의 대부분은 무근거성으로 시작된다기보다는 오히려 카루나(자비)로 시작된다. 가령 불교에서 맹자와 같은 존재인 나가르쥬나는 그의 저작에서 대승의 가르침은 '비어있음과 자비라는 핵심'을 가지고 있다고 말한다.[31] 이러한 언급은 때때로 비어있음(공성)은 자비로 충만해 있는 것으로 풀이된다. 선 전통의 현대 저자인 니시타니 Keiji Nishitani는 "의무the ought의 본질은 존재the is의 타자지향성이다"라고 간결하게 말했는데 여기에도 같은 뜻이 담겨 있다.[32]

그래서 자신이든 아니면 다른 사람이든 또는 그들 사이의 관계이든 고정된 참조점이나 기반의 상실을 의미하는 공성은, 동전의 양면이나 새의 두 날개처럼 자비와 불가분의 관계라고 말한다. 이러한 관점에서 자비는 우리의 자연스러운 충동이다. 그러나 그것은

---

31. Nagarjuna, *Precious Garlnad and The Song of the Four Mindfulness*, Trans. P. J. Hopkins (London : Allen & Unwin, 1975), p. 76.
32. Keiji Nishitani, *Religion and Nothingness* (Berkeley : University of California Press, 1982), p. 260.

지나가는 구름에 가린 태양처럼 자아에 집착하는 습관에 의하여 가려져 있다.

그러나 이것이 행로의 끝은 결코 아니다. 왜냐하면 **무자아**, **비이기심**, **무세계**, **비상대성**, **비어있음**, **무근거성**과 같은 공성의 부정적인 용어를 넘어서 이해하기 위한 또 다른 단계가 있기 때문이다. 사실 세계의 많은 불교도는 부정적인 용어에 큰 관심을 가지고 있지는 않다. 이러한 부정적인 것들은 집착하는 습관 같은 패턴을 제거하기 위해 필요하고 더할 나위 없이 중요하긴 하지만 그래도 **긍정적으로** 가져야 할 상태의 실현을 향하고 있는 예비적인 것일 뿐이다.

도교의 '무위'를 이야기할 때 이미 논의 하였듯이, 이러한 상태는 분명히 위협적이고 모순된다. 그것이 무엇이든 그것에는 기반이 없다. 그것은 자아를 위한 기반이나 참조점으로도 결코 파악될 수 없다. 그것은 존재하는 것도 아니며 존재하지 않는 것도 아니다. 그것은 마음도 아니고 개념적인 과정도 아니다. 볼 수도, 들을 수도, 생각할 수도 없는 것이다. 그래서 이를 위한 많은 전통적인 이미지들이 있다. 시각장애인이 바라보는 풍경, 공중에 피어난 꽃 등. 개념적인 마음이 이를 잡으려 하면 그 마음은 아무것도 발견할 수 없고, 그래서 그 마음은 비어있음을 경험한다. 이것은 직접적으로 알게 될 수 있다. 아니 직접적으로만 알게 될 수 있다. 그것은 불성, 무심, 최상의 마음, 절대적 보리심bodhiciita, 지혜의 마음, 최고의 선, 위대한 완전, 마음으로 지어낼 수 없는 것, 자연스러움 등으로 불린다. 보통 세상과 머리카락 한 올 차이도 나지 않는다. 일상적이고 잠정적이고 일시적이며 고통스럽고 뿌리 없는 바로 그 평범한 세상이 무조건적이고 최상의 상태로 경험된 것이다. 그리고 이러한 상태의 자연스러운 드러남, 또는 체화가 자비이다. 자비는 무조건적이고 두려움이 없으며, "가차 없는/무자비한"ruthless 자발적 연민이다. 현대의 티벳 성자들은 핵심적인 것으로 자비를 이야기한다. "이성적 마음이 더 이상 집착하지 않을 때 …… 우리는 타고난 지혜를 깨달으며, 거짓 없는 자비의 에너지가 일어난다."[33] 우리는 어떻게 이러한 무조건적 자비를 이해할 수 있을까? 우리는 다시 돌아가서 수행자의 세속적인 관점에서 윤리적 그리고 덕성적 행위의 계발을 고려할 필요가 있다. 모든 인간에게 존재하는 타자에 대한 관심은 보통 자아의 느낌과 뒤섞여 있기 때문에 인정받고 평가받으려는 열망을 충족하려는 욕구와 혼동되기 쉽다. 예컨대 맹자가 말하는 향원village honest man은 이런 범주에 속하는 사람이었다. 그러나 내가 여기서 말하는 것은 우리가 습관적 패턴에 얽매이지 않는 것, 습득한 습관적 패턴을 바탕으로 일부러 행동하는 것이 아니라 자발적인 몸짓으로 나타나는 것이다. 다른 말로 하면 주체와 객체의 비이원적 드러남 속에서 자아의 비어있음의 실현을 체화하고 표현하는 행동이다. 이것은 정신분석의 윤리학에서도 이상적으로 말하고 있는 편협하지 않은 자아이다. 행위가 이익을 추구하는 심리와 무관하게 이루어질 때 편안함이 있다. 그리고 이것을 최상의(초월적) 관대함 — 반야prajnaparamita 34 — 이라고 부른다.

---

33. Chögyam Trungpa, *Sahana of Mahamudra* (Boulder : Vajrahatu Press, 1986).
34. 이에 대한 고전적인 설명은 인도의 철학자 산티데바(Shantideva)에 의한 것이다. 그의

이러한 최고의 윤리적 숙련이라는 관점에서 지혜를 논할 때 종종 사용되는 산스크리트 용어가 보리심bodhicitta이다. 이것은 각성된 마음, 각성된 마음의 핵심, 또는 간단히 깨어있는 마음 등으로 다양하게 번역된다. 보리심은 절대적인 면과 상대적인 면, 두 가지를 지니고 있다. 절대적 보리심이라는 용어는 대부분의 불교도 수행에 있어서 가장 기본적이라고 여겨지는 것에 적용될 수 있는데, 공의 덧없음에 대한 경험, 또는 맹자가 참된 군자에게 요구하였던 지적 각성에 대한 요구를 상기시키는 각성된 상태에서의 (긍정적인 의미에서) 순간적 깨달음이다. 한편 상대적 보리심은 수행자가 절대적 경험으로부터 생긴다고 말하는, 그리고 단순한 자비를 넘어서 다른 이의 행복을 위한 관심과 그에 대한 적절한 행동으로 나타나는 근본적인 자비이다. 거꾸로 (우리가 앞에서 이런 경험들을 기술한 순서에 따라) 말하자면 세상을 향한 무조건적인 온정심이 점차 확장되고 발전하여 절대적 보리심의 번득이는 경험에 이른다고 할 수 있다.

이러한 가르침의 전통에 있는 수행자는 분명 한 번에 이러한 모든 것을 깨닫는 것은 아니다. 그것은 다른 배움의 과정처럼 배움의 길을 따라 많은 전진과 후퇴를 거듭하며 시간과 지속적 훈련이 필요하다.

Guide to the Bodhisattva's Way of Life, trans. Stephen Batchelor (Dharmasala, India : Library of Tibetan Works and Archives, 1979)를 보라. 이 책에 대한 주석과 토의에 대해서는 현대 티벳 스승인 게세 켈상(Geshe Kelsang Gyatso)의 다음 책을 보라. Geshe Kelsang Gyatso, *Meaningful to Behold : View Meditation, and Action in Mahayana Buddism* (London : Wisdom Publication, 1980).

그러나 수행자는 계속 배움을 지탱하기 위해 용기를 주는 순간들을 감지할 수 있다고 말한다. 가장 중요한 단계 중 하나는 자아자기ego-self에 대한 자신의 집착을 향한 자비심, 즉 마이트리maitri를 계발하는 것으로 이루어진다. 이러한 태도 뒤에 있는 생각은 자신의 집착과 직면하는 것이 우리 자신에게는 친근한 행동이라는 것이다. 이러한 친근감이 발전됨에 따라 우리 주변에 대한 자각과 관심도 신장된다. 핵심은 우리가 더욱 개방적이고 비이기적 자비를 베풀 준비를 한다는 점이다.

이러한 점에서 습관적 패턴에 기반을 둔 의도적 행위가 아닌 자발적 자비의 중요한 성질 중의 하나가, 어떠한 규칙도 따르지 않는다는 점은 놀라운 일이 아니다. 그것은 공리적 윤리체계나 실천적인 강령으로부터 유도되는 것이 아니다. 가장 높은 이상은 특정한 상황적인 필요성에 반응할 수 있게 되는 것이다. 나가르쥬나는 이러한 반응의 태도를 다음과 같이 전달한다.

> 문법학자가 사람에게 문법을 공부하게 하듯이
> 부처님은 수련자의 도량에 따라 가르치시네.
> 어떤 이에게는 업보를 피하라고, 어떤 이에게는 선을 행하라고,
> 어떤 이에게는 이원론에 의지하라 하시고,
> 어떤 이에게는 비이원론에 의지하라 하시네.
> 그리고 어떤 이에게는 심오한 것을,
> 끔찍한 것을, 각성의 훈련을 가르치시네.
> 그의 핵심은 비어 있음이며, 그것은 자비라네.[35]

물론 깨닫지 못한 수행자가 규범과 도덕적 강령 없이 지낼 수는 없다. 초심자의 수준에서는 불교에서도 많은 윤리적 규범이 있고, 그 목적은 몸과 마음을 언제든지 참된 자비를 나타낼 수 있는 상태로 준비시키는 것이다(명상을 위한 좌선이 즉각적인 각성을 위한 것인 것처럼). 이 규범을 따르는 것으로 초심불교도는, 특정한 행동이 옳다고 여겨지는 상황으로부터 옳은 행동이 불분명한 유사한 상황으로 지식과 느낌을 확장함으로써 덕의 실현을 장려하는 맹자의 후계자들과 같은 방법으로 자비의 실현을 배운다. 우리의 논의에서 가장 흥미로운 것은 자비로운 행동이 또한 방편方便, upaya이라고도 불린다는 것이다. 방편은 지혜와 분리할 수 없는 것으로 간주된다.

　그러나 우리는 방편을 자동차를 운전하거나 바이올린을 연주하는 방법을 배우는 것과 같은 일상적인 기술과 동일시해서는 안 된다. 어떤 점에서 불교의 방편은 감각운동의 숙련과 더욱 유사하다. 수련자는 수련한다(좋은 나무는 좋은 씨앗을 만든다). 즉, 나쁜 행동을 피하고 이로운 것을 행하고 명상하며 더욱 더 넓게 그의 행위를 확장해간다. 그러나 일상적인 기술의 통달과 달리 윤리적 숙련의 방편에 통달하면 **모든** 습관이 제거되고 수행자는 지혜로부터 직접적이고도 자연스럽게 지혜와 자비가 생긴다는 것을 깨달을 수 있다. 이것은 마치 바이올린을 연주하는 것을 이미 알고 태어난 자가, 그 놀라운 재능의 발현을 방해하는 습관을 없애기 위해 진력하여 연습하는 것과 같다. 그래서 현자의 참된 '무위'는 만들어 지는 것이

---

35. 이 번역은 로버트 서만(Robert Thurman)의 것이다. 홉킨스(Hopkins)의 번역은 다음을 보라. *Precious Garland*, p. 76.

아니라 드러나는 것이다. 불교에서는 이것이 완전히 성취된 보살의 모습이다.

우리는 여기서 극히 중요하고 철학적으로 미묘한 점을 언급한다. 자아의 비실재성 밑에는 어떤 근거가 있는가? 더욱 간결하게 말하면 '공'에 무엇이 **있는가**? 티벳 불교 전통은 지혜를 향한 계속되는 보살행에 의하여 변화되는 가상적 마음의 구성요소에 대하여 이야기한다. 변화의 이 느낌은 세상으로부터 벗어나고 정신적 기능으로부터 떨어져 나가는 것을 의미하지 않는다. 왜냐하면 자아와 세계에 대한 부정확한 감각에 기반을 두고 있는 그 요소가 역시 지혜의 기반이기 때문이다. 정신적 요소를 지혜로 변화시키는 수단은 현명한 자각awareness, 즉 가상 자아를 있는 그대로, 다시 말해 어떤 종류의 이기적인 근거도 없으며 오로지 지혜로 충만한 모습 그대로 매 순간 깨닫는 것이다. 여기서 우리는 참된 돌봄care이 존재Being의 근거 자체에서 비롯된다고, 그리고 꾸준하고 성공적인 윤리적 훈련을 통해 이것이 만개할 수 있다고 가정하고 있다. 사실 이것은 허무적인 서구적 분위기에는 완전히 이질적인 사상이지만 음미할 가치가 있는 것이다.

어떻게 모든 것을 포용하고 편협하지 않으며, 공감적이고 자비로운 관심의 태도가 우리 문화에서 육성되고 체화될 수 있을까? 이것은 단지 규정이나 이성적 강령으로 만들어 질 수 있는 것이 명백히 아니다. 이것은 자아 중심적 습관을 버리고 자비가 즉각적이고 스스로 유지되도록 하는 '훈련'을 통해서 계발되고 체화되어야 한다. 상대적 세계의 규범적 규칙이 전혀 필요 없다는 것이 아니다. 분명히 그러한 규범은 어떤 조직에서든지 필요한 것이다. 만약 그러한 규범이 실제 상황의 특수성과 즉시성에 직면했을 때 규범을 풀어낼 수 있는 지혜에 의하여 인도되지 않는다면, 이 규범들은 실제 발현을 위한 통로가 되기보다는 자비로운 행위에 무의미하고 형식적인 장애가 되어 버린다.

단순히 자기계발 방법으로써 행해지는 수행은 수행자가 몰아내고자 하는 이기주의를 강화시킬 뿐이기 때문에 주의/자각 수행전통에 의하여 강하게 금지되고 있다. 모든 신중한 전통의 수행자가 알고 있듯이, 자기중심적인 습관적 조건이 강하기 때문에, 집착하고 소유하려 하며 약간의 통찰과 깨달음의 순간이나 이해에 자부심을 가지려는 경향이 끊임없이 이어진다. 그러한 경향이 자비로 이르게 되는 행로의 일부분이 되지 않는다면, 통찰력은 이익보다는 오히려 해가 될 수 있다. 불교 스승들은 종종 보통사람으로 남아있는 것이 훨씬 좋은 일이며, 자비를 발현하는 것 없이 '공'에 대한 약간의 경험에 집착하기보다는 궁극적인 실체를 믿는 것이 훨씬 나은 일이라고 하였다.

즉각적인 비이기적 관심과 윤리적으로 완성된 사람을 만드는 데에 말만으로는 분명 충분치 않다. 말과 개념은 통찰의 경험보다도 더 쉽게 파악될 수 있고, 기반으로 받아들여질 수 있어서 자아의 덮개 속에 엮어질 수 있다. 그래서 모든 명상적 전통의 스승들은 고정된 관점이나 개념을 실재로 간주하지 말라고 경고한다. 우리는 어떤 형태의 지속되고 훈련된 수련 또는 (푸코Foucault가 채용한 용어를 사용하면) '주체의 변화를 위한 수련'pratique de transformation de sujet 36에 대한 필요성을 쉽게 간과해서는 안 된다. 이것은 스스로 보충할 수 있는 것이 아니다. 이것은 스스로 서구과학의 역사를 보충할 수 있는 이상의 것이다. 아무 것도 그냥 일어나지는 않는다. 개인 스스로 발견하고 가상자아에 대한 자신의 느낌을 키워야 한다.

결론적으로 나는 윤리적 노하우가 무엇이며 그것은 어떻게 얻어질 수 있는 가에 대한 나의 주된 관심사를 조명하기 위하여 마음의 과학과 전통적 가르침의 깊이에서 나온 주제를 함께 엮으려고 노력하였다. 나의 논의는 비의도적 행동으로 이해되는 지혜로의 복귀에 대한 기원이다. 삶에 대한 숙련된 접근은 순간순간 우리 자아의 가상적 본성을 자각하는 변화의 실천론에 기반을 두고 있다. 이 접근이 완전히 펼쳐질 때 개방성은 참된 돌봄으로서 만개하는 것이다. 이것은 우리가 당면한 어려운 시대를 위한, 그리고 아마도 앞으로 겪게 될 더욱 어려운 시대를 위한 급진적 사상이자 강력한 처방이다.

---

36. M. Foucault, *Histoire de la Sexualit*, vol. 3 (Paris : Gallimard, 1986).

1946년 칠레에서 태어남

1964~66년 칠레 카톨릭 대학 의과대학 재학, 강의조교 활동.

1965~67년 칠레 대학 생물학 석사과정.

1968~70년 하버드 대학 생물학 박사과정. 「곤충의 망막 : 겹눈에서의 정보처리」이라
　　　는 제목의 논문으로 박사학위 취득.

1968~73년 하버드 대학 강의조교 활동.

1970~73년 칠레 대학교 이과대학 조교수.

1974~78년 콜로라도 의과대학 조교수.

1980년 뉴욕대학 의과대학 뇌연구 실험실 연구부교수.

1980~85년 칠레 대학 과학대학 생물학 교수.

1984년 독일 프랑크푸르트 막스프랑크 연구소 뇌과학 연구 방문 선임 연구원.

1986~91년 파리 에꼴뽈리떽(CREA) 인지과학과 인식론 교수.

1986~88년 프랑스 국립 과학 연구 센터(CNRS, Centre national de la recherche
　　　scientifique) 신경 과학 연구소 교수, 파리 4대학 교수.

1988년 프랑스 국립 과학 연구 센터 연구책임자.

1989~92년 파리 철학 세계 대학 프로그램 책임자.

1992년 쮜리히 공과대학(ETH) 초빙교수.

프란시스코 바렐라 홈페이지

http://www.franzreichle.ch/images/Francisco_Varela/index.html

:: 프란시스코 바렐라 저작 목록

〈단행본〉

1974 *Los Ojos de los Insectos*, Madrid : Editorial Alhambra.

1979 *Principles of Biological Autonomy*, New York : North-Holland..

1980 (with Humberto Maturana), *Autopoiesis and Cognition : The Realization of the Living*, Boston : Reidel.

1987 (with Humberto Maturana), *The Tree of Knowledge :The Biological Roots of Human Understanding*, Boston : Shambhala Press. [한국어판] 움베르또 마뚜라나 · 프란시스코 바렐라, 『앎의 나무』, 최호영 옮김, 갈무리, 2007.

1988 *Connaître : Les Sciences Cognitives, tendences et perspectivess*, Editions du Paris : Seuil.

1991 (with Evan Thompson and Eleanor Rosch), *The Embodied Mind : Cognitive Science and Human Experience*, MIT Press. [한국어판] 프란시스코 바렐라 · 에반 톰슨 · 엘리노르 로쉬, 『인지과학의 철학적 이해』, 석봉래 옮김, 옥토, 1997.

1992 (with J. Hayward, eds.), *Gentle Bridges : Dialogues Between the Cognitive Sciences and the Buddhist Tradition*, Boston : Shambhala Press.

1992 (with P. Bourgine, eds.), *Towards a Practice of Autonomous Systems : The First European Conference on Artificial Life*, MIT Press.

1993 *Thinking About Biology : An Introduction to Theoretical Biology*, Addison-Wesley, SFI Series on Complexity.

1996~99 *Invitation aux sciences cognitives*, Paris : Seuil.

2007 (with Dalai Lama, Zara Houshmand, Robert Livingston, Adam Engle, Patricia Smith Churchland, Antonio R. Damasio, Larry R. Squire, Allan Hobson, Lewis L. Judd, B. Alan Wallace, Thubten Jinpa), *Consciousness at the Crossroads : Conversations with the Dalai Lama on Brainscience and Buddhism*, Snow Lion Publications. [한국어판] 자라 호우쉬만드 · 로버트 리빙스턴 · 아담 앵글 · 프란시스코 바렐라 · 패트리샤 스미스 처치랜드 · 안토니오 다마지오 · 래리 스콰이어 · 앨런 홉슨 · 루이스 저드 · 앨런 월리스 · 팁텐 진파 엮음, 『달라이 라마, 과학과 만나다 : 뇌과학과 불교의 질문과 대답』, 남영호 옮김, 알음(들린아침), 2007.

1999 *Ethical Know-How : Action, Wisdom and Cognition*, Stanford University Press.

1999 (with J. Shear, eds.), *The View from Within : First-Person Methodologies in the*

Study of Consciousness, London : Imprint Academic.

1999 (with J. Petitot, B. Pachoud, and J-M. Roy, eds.), *Naturalizing Phenomenology* : *Contemporary Issues in Phenomenology and Cognitive Science*, Stanford University Press.

⟨인터뷰⟩

1976 On observing natural systems (Interview by Donna Johnson), *CoEvolution Quarterly*, N º 11, pp. 26-31.

1982 Die Biologie der Freiheit (Interview by Rainer Kakushka), *Psychologie Heute* (Germany) N º 9, Sept. 1982, pp. 82-93.

1982, Au commencemente fut la distinction? (Interview by Gérard Blanc), *Co Evolution* (Paris) N º 8/9, Printemps/Eté, pp. 24-27.

1984 Die möglichkeit der Transformation (Interview by Susan Gerlach), *Esotera* (Germany), pp. 1002-1020. (Also in G. Geisler (Hrsg.), New Age-Zeugnisse der Zeitwende, Bauer Verlag, Freiburg, 1984.

1985 Interview (by Hiroshi Hasegawa), in *Gendai-Shiso* (Japan) vol.13, pp. 214-229.

1986 Intrevista a Francisco J. Varela (by Alfonso Iacono), *Scienza/Esperienza*, Milano, N º 34, pp. 27-29.

1986 Interview (by Isabelle Stengers), *Cahier CREA* N º 9, pp. 271-293.

1987 Interview (by Shin Yoshifuku), *OMNI Japan*, March 1987, pp. 35-39.

1987 Habt Mut zur Erkentniss, (Interview by Angela Roethe), *Esotera* (FRG), pp. 36-41.

1987 Cognitive Science and the logic of mirrors (Interview by Allen Brodsky), *IS Journal* #5, pp. 16-26.

1987 Interview (by Andres Perez), *Analisis* (Chile), No. 22.

1988 Intervista (by Paolo Perticari), *Conocere il Handicap*, Dec. 1988, pp. 5-8.

1990 Interview (by Maria Rennhofer), *Parnass*, March/April, pp. 96-98.

1990 Interview (by Louisse Wrijers), *Art and Science meet Spirituality*, SDU Publishers, Gravnehagen, Holland, pp. 184-200.

1990 Entretien (avec Angela Marechal), *Phréatique : Langage et Création*, N º 54, pp. 109-120.

1990 Entretien (avec Noëlle Batt), *TLE*, N º 8, pp. 165-175.

1991 Interview (by Dominique Bouchet), *Paradoks Copenhaguen*, NR 2, pp. 14-18.

1991 Zwischen den Welten, Gespräch mit Ulli Olvedi, *Esotera*, Oktober 91, pp.

33-37.

1992 Intrevista (con Nancy Canessa), *UnoMismo*, Bs. Aires-Chile, N º 25, pp. 26-43.

1992 Entrevista (con Blanca Moreno), *Clínica y Salud*, 3 : 89-98.

1992 Interview (with William I.Thompson), *Annals of Earth*, vol.X, N º 2, pp. 7-11.

1993 Intrevista (by Marco Castrigliano), *Methodologia*.

1993 Entretien (avec Ariel Kyrov), *Actuelle Juillet-Aout* N º 31/32, pp. 128-134.

1993 Entretien (avec Jeanne Mallet et J.F. Dortier), *Sciences Humaines*, pp. 52-56. Reprinted in *Le Cerveau et la Pensee : La revolution des Sciences Cognitives*, Editions Sciences Humaines, 1999, pp.327-335.

1993 Entretien (avec G.Pessis-Pasternak), *Libération*, 8 Sept. Also in G. Pessis-Pasternak, *La science : Dieu ou diable?*, Editions Odile Jacob, Paris, 1999, pp. 123-131.

1993 Entrevista (con Rogerio Costa), *Limiares do Contemporaneo*, Escuta, Sao Paulo, pp. 73-97.

1994 Il racconto dell'Identita (avec Franco Floris), *Animazione Sociale*.

1994 Entretien (avec B.Joisten et O.Zahn), *PurpleProse*, 5, Hiver 1994.

1994 Entrevista (C. Uribe), *Revista Siglo* xxi, El Mercurio, Santiago de Chile, Jueves 13 de Octubre.

1995 Psicoanalisis con-ciencia (B. Moreno), *Mundo Científico*, Enero, No. 153., pp. 72-78.

1995 La metafora di Varela, Intervista (P.Muscara), *SistemaTerra*, vol.4, No.1, pp. 7-14.

1995 Big Mind Science (Eric Davis), *Shambhala Sun*, September, pp. 26-34.

1996 Entretien (J.Mallet), *Développement des Personnes et Développement des Organisations*, Omega Formation Conseil, Aix-en-Provence.

1996 Sanfte Brücke Interview mit F.Varela (T.Zahcmeier), *Mandala*, No. 5, pp. 48-51.

1996 Science et Bouddhisme (F.Lenoir), *L'Express*, No.2364 24 Octobre 1996, p. 60.

1996 La aspiración a la sabiduría (C.Ferreira), *La Epoca* (Santiago de Chile), 27 Ocobre 1996, pp. 22-23.

1997 Mente y Vida en diálogo intercultural (M. T. Cárdenas), *El Mercurio*, Revista de Libros (Santiago de Chile), 30 Agosto 1997, pp. 4-5.

1997 En busca de la conciencia (C.Villegas), *Paula* (Chile), Diciembre, p. 44-51.

1998 Le cerveau n'est pas un ordinateur (H.Kempf), *La Recherche* No. 308(Avril), pp. 109-112.

1998 Researcher Profile (Nola Lewis), *IONS Review*, No. 46, pp. 44-45.

1999 La conscience : la tempete sous un crâne, (Isabelle Brisson), *Le Figaro*, Jeudi 4 Février.

1999 Portrait : Francisco Varela, le chercheur par qui la pensee se fait chair, (J.P.Dufour), *Le Monde* Jeudi 18 Février.

1999 Autopoiesis and Phenomenology, (Interview by H.Kawamoto), *Gendai-shiso* (Japan), No. 4, 1999, pp. 80-93.

1999 What a relief! I don't exist : Buddhism and the Brain (Wes Nisker), *Inquiring Mind*, vol. 16 No. 1, 1999, p. 7-9.

〈영화〉

2004 〈Monte Grande : What is life?〉

Featuring Francisco Varela and Dalai Lama, Humberto Maturana, etc.

Directing Franz Reichle

First Run - Icarus Films

http://www.montegrande.ch/eng/homg.php/

바렐라의 『윤리적 노하우』

역자 해제는 책을 번역한 역자가 책의 이해를 돕기 위하여 저자의 생애와 사상, 그리고 책에 대한 설명을 기술하는 글이다. 이러한 점에서 있어서 어린 시절부터 바렐라와 절친히 지내면서 같은 문제의식을 가지고 오래 동안 같이 연구해온 에반 톰슨이 쓴 「생명과 마음 : 오토포이에시스로부터 신경현상학까지 ― 프란시스코 바렐라에게 바치는 헌사」와 「프란시스코 바렐라의 부고」를 부록으로 싣는 것은 바렐라에 대한 이해를 돕기 위해 필요하다.

이제 역자는 좀 더 가벼워진 마음으로 역자의 입장에서 『윤리적 노하우』라는 책과 바렐라에 대한 얘기를 편하게 하려고 한다.

1.

『윤리적 노하우』*Ethical Know-How*는 놀라운 책이다. 가장 심원하고 현대적인 문제를 가장 포괄적이면서 가장 현대적 방법으로 또한 가장 쉬운 형태로 풀어가려는 가장 가벼운 책이기 때문이다. 이 책은 사는 것이 무엇이고 어떻게 살아가야 하는 가에 대한 인간의 가장 원초적인 문제뿐만 아니라 그 문제와 깊이 관련되어 오랜 세월 양립해온 물질과 정신의 심신문제mind-body problem와 같이 지금까지도 첨예하게 논의되고 있는 문제를 겨냥하고 있기 때문에 이 책이 가장 심원하고 현대적인 문제를 다룬다고 할 것이다. 가장 포괄적이라는 것의 의미는 이 책이 동서양의 여러 학문을 아울러서 생물학, 의학, 물리학, 수학, 컴퓨터과학, 철학, 불교, 유학 등은 물론이려니와 수행과 같은 매우 실천적인 분야까지 아우르고 있다는 점에 주목한 것이다. 또한 이 책은 탐구를 위하여 뇌과학, 복잡계이론, 인공지능, 등과 같은 최신의 수단을 동원하고 있기 때문에 가장 현대적 방법이며, 논문이나 전문저작의 형태가 아니라 대중강연 형태로 이루어졌기 때문에 가장 쉬운 형태라고 할 수 있다. 마지막으로 영문판 본문이 75쪽에 지나지 않는 짧은 책이기 때문에 가장 가볍다고 하는 것이다.

사실 『윤리적 노하우』는 공동작업을 주로 즐기는 바렐라의 흔치않은 단독 저작 중 하나이고 현재까지 우리나라에서 한국어로 출간된 바렐라의 책 중에서는 유일한 단독 저작인 셈이다. 그러나 이 책이 그 보다 더욱 큰 의미를 가지는 이유는 오토포이에시스(자기

생성)라는 개념으로 시작된 바렐라의 탐구가 신경현상학이라는 새로운 개념으로 발전되는 과정에서, 책을 쓸 때에는 미처 몰랐으나 해야 할 많은 연구를 두고 세상을 떠날 수밖에 없었던 바렐라의 이상이 이 책 안에 요약적으로 녹아 있기 때문이다.

2.

『윤리적 노하우』는 저자가 책의 앞부분에서 밝히고 있는 것처럼, 이탈리아 볼료냐 대학의 초청으로 이루어진 윤리학을 주제로 한 강의를 책으로 엮은 것이다. 바렐라는 이 강연이 사상의 넓은 스펙트럼과 오랫동안 추구해왔던 개인적 탐구를 보여줄 수 있는 기회라고 밝히며, 현대 철학적 생태학으로서 가장 성과가 풍부한 방식으로 주제를 다룰 것이라는 의욕을 표명하고 있다.

바렐라는 의학과 생물학을 기반으로 철학, 컴퓨터과학, 뇌과학을 넘나들며 생명과 의식에 대한 왕성한 과학적 탐구활동을 하면서도 티벳 불교의 수행과 같은 종교적 실천활동을 하였다. 그가 오토포이에시스로 시작하여 신경현상학을 연구하는 상황에서 이 성과들을 윤리학에 적용하는 전망을 펼쳐볼 수 있는 기회를 가지게 된 것은 분명 그 자신에게도 설레는 모험으로 여겨졌을 것이고, 독자들은 저자 서문을 통해서도 이러한 느낌을 확인할 수 있다.

이 책이 나오고 몇 년이 지나지 않아 바렐라가 세상을 떠났다는 사실을 되새겨보면, 바렐라가 신경현상학 연구를 포함한 일생의 연구 활동을 통하여 추구하던 이상과 전망을 자유로운 분위기에서 의

욕적으로 표명한 이 강의가 얼마나 소중한 일이었는지 알 수 있다.

3.

『윤리적 노하우』는 강연으로 이루어진 책이기 때문에 매우 자유롭게 이루어져 있다. 하지만 고금을 막론한 다양하고 방대한 과학적·종교적 연구 성과들이 구어체로 다루어지고 있는 탓에 등장하는 용어들을 엄밀하게 이해하기에는 다소 어려움이 따른다. 더구나 학술적으로 어려운 개념에 대한 별도의 설명도 주어져 있지 않고, 아직은 연구 중인 복잡한 현상에 대한 개념들을 명확한 정의 없이 바렐라 자신의 주관적 표현으로 서술하는 경우도 있어서 맥락에 유의할 필요가 있다. 바렐라는 이 강연에서 자신의 중요한 학술적 개념인 오토포이에시스autopoiesis, 신경현상학neurophenomenolgy, 1인칭 방법론first-person methodology 등의 용어를 사용하지 않았으며, 즉각적 대응immediate coping, 미시세계microworld, 미시주체microidentity, 가상적(무아적) 자아virtual self, 비단일체적 자아non-unitary self 등 아직 정립되어 통용되지 않는 용어들을 명확히 정의하지 않은 채 사용하고 있다.

그러나 프로이트의 『정신분석학 입문』이 무엇을 얘기할지 강연장에 서기 전까지 자신도 알지 못했다는 강연을 통해 이루어진 책이었음에도 불구하고 그 풍부한 내용으로 영감을 주듯이, 『윤리적 노하우』도 마찬가지이다. 이 책은 생물학을 기반으로 하여 철학과 종교, 그리고 최신 과학의 이론과 방법론을 구사하면서 인간의 오

랜 문제인 정신과 물질, 혹은 몸과 의식, 그리고 인간 공동체의 사
회윤리적 문제에까지 상상력과 영감을 주고 있다.

4.

바렐라는 30년이 넘는 기간 동안 인지를 탐구하였다. 그의 연구
생애는 주제에 따라 세 개의 시기로 구분된다. 1968년부터 1986년
까지의 시기에는 시각과 사이버네틱스의 신경생리학이라는 두 분
야의 연구 성과가 뚜렷하다. 하바드 대학에서 위젤과, 그리고 이후
에는 칠레 대학에서 마뚜라나와 행한 연구가 그것이다. 1986년부터
1995년까지의 시기에 바렐라는 면역체계에서의 자기조직화에 특히
관심을 가졌다. 마지막으로 1995년부터 2001년 5월 세상을 떠나기
전까지 파리의 인지 신경 과학과 뇌영상 연구소에서 프랑스 뇌동역
학brain dynamics 그룹과 함께 뇌동역학, 간질발작epileptic seizures의 예
측과 신경현상학neurophenomenology에 대하여 연구하였다.

그러나 이러한 임의적인 시기구분에도 불구하고 바렐라의 연구
는 연속성을 가진다. 1971년에 자의식self-consciousness을 주제로 한
논문(Varela, 1971)을 썼고, 1997년에도 오토포이에시스와 자율성에
대한 논문(Thompson and Varela, 1999)을 쓰기도 하였다.

바렐라에게 이론은 과학적 연구에 있어서 실험의 중대한 요소
였다. 그의 논문, 책, 그리고 비평의 3분의 2가 이론연구이다. 그리
고 4분의 1이 실험연구이고, 이것은 그의 연구의 첫 시기와 마지막
시기에 주로 행해졌다. 그 나머지는 그가 마지막 시기 동안에 행한

방법론적 연구들이다. 이 마지막 기간 동안 바렐라는 발작 예측에 대한 연구를 포함하여 뇌파에 대한 대규모의 동기화와 비선형 분석 연구를 진행하였다.

5.

인지생물학자로 알려져 있는 바렐라를 유명하게 만든 것은 오토포이에시스라는 개념이다. 이후에 신경현상학과 1인칭 방법론이라는 말도 바렐라를 연상시키며, 또한 티벳 불교 수행과 달라이 라마와의 만남도 인상적인 일이다.

바렐라의 30년이 넘는 연구는 생물체의 오토포이에시스라는 개념에 기반을 두고 있으며『윤리적 노하우』에 대한 이해도 이를 기반으로 한다. 바렐라의 이러한 관점은 넓게는 구성주의(특히 급진적 구성주의)라고 할 수 있으며, 오토포이에시스라는 개념도 푀스터, 애쉬비, 베이트슨 등 구성주의 학자들과의 밀접한 관련 속에서 만들어진 것이라고 할 수 있다.

6.

넓은 의미에서의 구성주의는 지식이란 그것이 어떻게 정의되든 사람의 머릿속에 있는 것이며 자신의 경험에 기반을 두고 '구성'될 수밖에 없는 것이라고 가정한다. 구성주의의 연원은 소크라테스, 버클리, 칸트, 비코까지 거슬러 올라 갈 수 있다. 최근의 구성주의는 근래에 이루어진 생물학, 심리학, 컴퓨터과학, 인지과학과 시스템과학 등 분야의 연구 성과와 깊은 관련을 맺고 있다. 버트란피의 일반시스템이론, 삐아제의 발생인식론과 관련된 글라저스펠트의 급진적 구성주의, 슈미트의 경험구성적 문예학, 푀스터의 2계 사이버네틱스 이론, 마뚜라나와 바렐라의 오토포이에시스, 켈리의 PCPPersonal Construct Psychology, 파스크의 대화이론, 루만의 커뮤니케이션 이론, 레이코프의 은유이론 등 관련된 많은 것을 모두 언급하기 어려울 정도로 많고 복잡하다. 구성주의는 서로 매우 다른 학문 분야에서 출발한 연구자들이 각기 다른 이야기들을 하고 있기 때문에 차라리 이러한 흐름을 일컬어 구성주의 담론이라고 해야 할 것이다.

구성주의는 인식의 대상보다는 인식의 과정을, 또한 그 과정의 구체적인 경험 조건들에 관심의 초점을 두고 있다. 때문에 그 관심의 초점은 의미를 구성하는 '관찰'(인지)이 된다. 사실 말해지는 모든 것은 관찰자에 의하여 다른 관찰자에게 말해지는 것이고, 또 다른 그 관찰자는 자신일 수도 있는 것이다. 인지는 생물학적인 현상이며, 현상을 체험하는 유기체에 관련된 것으로 생각한다. 인지하는 개체는 자신의 신경시스템의 변화라는 형태로만 '세상'에 관여할 수 있다. 이러한 관찰하기는 관찰자의 구성이며 이 구성은 자의적으로 형성되는 것이 아니라 생물학적, 인지적 그리고 문화적인 조건에 따라 이루어진다. 따라서 지각이나 인식은 외부세계를 복사하는 것이 아니라 관찰자의 인지체계가 행하는 조작들의 목록화라고 할 수 있다. 이러한 점에서 인지체계는 조작적 폐쇄operational closure

또는 조작적 재귀 지시성operational referentiality하에 있으며, 이러한 조작적 폐쇄에 의하여 스스로의 체계와 환경의 차이점을 스스로 정의하고, 어떤 환경 접촉들을 자신에게 알맞게 가공, 처리함으로써 하나의 체계로 존재할 수 있는 것이다. 따라서 구성주의에서 이해는 옳고, 그름의 문제가 아니라 인지체계와의 정합성 문제가 된다.

구성주의는 인지체계가 물리적인 토대에서 일어나는 신경생물학적 현상이기 때문에 심신이원론적인 육체와 정신의 구분을 거부한다. 또한 인지체계에 외부의 물자체가 그대로 나타나는 것이 아니기 때문에 객관적 진리의 인식가능성을 인정하지 않는다. 이러한 맥락에서 자아라는 개념도 관찰자에 의한 구성적인 산물로 이해되어야 하기 때문에 실체가 의문시될 수 있다. 절대적 현실의 인식가능성이 무의미하게 됨으로서 모든 연구 활동의 가치는 인간의 삶을 위한 유용성에 입각하여 입증되어야 한다. 이런 점에서 구성주의는 과학이 자기생산의 확보, 생명조건의 최적화, 그 종의 장기적인 생존의 확보라는 현실적인 학문 활동의 목표를 갖는 실용적인 노선을 추구한다. 이와 연관되어 진리나 현실이 기본적으로 인간으로부터도 인식되거나 소유될 수 없기 때문에 행위의 구속적인 근거수단으로서의 가치를 상실한다면 우리는 윤리적으로 우리의 행위와 인지에 대해 스스로 책임져야 한다.

7.
구성주의를 현대의 다른 철학적 개념들과 비교해보는 일은 매우 복잡하고 어려운 작업일 것이다. 그러나 몇 가지 중요한 유사점과 차이점을 언급하는 일은 구성주의 담론을 이해하는 데 도움이 될 수 있을 것으로 생각한다. 기본적으로 현상학이 지각을 통하여 비추어지는 사물을 그대로 신뢰할 수 없다는 점에서 구성주의와 그 궤를 같이 한다고 할 수 있다. 후설은 구체적인 대상에 대한 경험이 나타나는 의식에 주목한다. 이러한 의식은 단순히 사물을 받아들이는 것이 아니라 능동적인 지향성을 가지고 있다. 지향성의 주체자인 초월적 자아가 바로 대상을 구성하는 것이다. 어떤 대상에 대한 인식의 타당성은 각 개인이 갖고 있는 초월적 자아에 귀착된다. 각 개인의 초월적 자아는 상호주관성에 기반을 두고 객관성을 확보해야만 한다. 후설의 현상학은 인식론의 문제이고 앎의 조건에 대한 탐구이다. 구성주의가 인식론적인 토대에서 시작하여 주체가 대상을 구성한다고 주장하는 점에서는 후설의 현상학과 일치하고 있다. 그러나 구성주의적 관점에서 볼 때 초월적 자아의 객관성이 공동체적인 '삶의 세계'에 기반한 상호주관성에 의한 것이라면 주체에게 있어서 그 '삶의 세계'도 또 다른 대상이라고 밖에 할 수 없다.

메를로-퐁티는 '인식의 문제는 지각의 문제이며, 지각은 모든 앎의 근원'이라고 본다. 지각된 세계는 모든 합리성, 모든 가치, 모든 존재가 언제나 이미 전제로 하고 있는 기초이기 때문이다. 메를로-퐁티는 지각 대상과 의식은 따로 떼어 놓을 수 있는 것이 아닌 유기적인 관계를 가진 복합체로 파악한다. 우리는 개념적으로 볼 때 메를로-퐁티를 구성주의자라고 부를 수도 있을 것이다. 메를로-퐁티는 현상학자이면서도 후설이 목적으로 하던 대상의 본질적인 앎을 믿지 않게 되어 버린다. 메를로-퐁티에게 있어서 존재는 논리적이지도 인과적이지도 않은 몽상적이고 야생적인 것이다. 이와 같은 존재는 어떻게 기술되어야 하는지가 구성주의 담론의 임무일 것이다.

현상학이 경험서술에 의한 철학이라면 분석철학은 언어분석을 통한 철학이라고 할 수 있다. 분석철학은 언어에 대한 앎이 곧 세계에 대한 앎이라고 보았다. 진리나 의미에 대한 과학적인 이해는 곧 지식체계의 공리화 작업이며 인식론의 작업이 되는 것이다. 그러나 구성주의는 논리실증주의적 언어관과 달리 언어가 화자에게 오직 연상적으로 작용할 뿐, 결코 지시적으로 작용한다고 생각하지 않는다. 언어를 통한 정보전달이란 존재하지 않는다. 신경체계가 폐쇄체계이듯이 언어적 표현의 영역 또한 폐쇄 체계이다. 지시라는 것은 관찰자의 범주이며, 한 정보의 내용의 지시기능은 전적으로 그 관찰자의 인지영역 안에서만 존재한다. 모든 의미는 맥락적 관계이다. 비트겐슈타인은 '철학적 탐구'에서 한 낱말의 의미란 그것이 지시대상과 어떤 관계에 놓여 있느냐에 의해 결정되는 것이 아니라 언어놀이에서 그것이 어떻게 쓰이느냐에 의해 결정되는 것이라고 쓰고 있다. 언어의 근저에는 생활양식이 있다. 언어놀이의 규칙의 극히 일반적인 자연적 사실들에 있어서 우리가 의사소통할 때에는 단순한 정의에 대한 합의가 아니라 판단에 대한 일치를 근거로 한다. 비트겐슈타인은 맥락주의라는 점에서 구성주의와 함께 자주 언급된다. '자연화된 인식론'epistemology naturalized 또는 자연화된 철학의 관점에서 인식론이란 심리학의 한 부분이라는 콰인의 주장도 구성주의의 연구경향과 유사한 점이 많다. 이러한 연장선상에서 신실용주의를 표방하는 로티도 반정초주의적이고 반실재론적이라는 점에서 구성주의와 일맥상통하는 점이 있다.

구성주의는 어떤 점에서 새로운 것이 아니다. 우리는 철학사의 오랜 주제를 통하여 유사한 많은 관련 개념들을 발견할 수 있을 것이다. 다만 현재의 구성주의는 좀 더 철저하게 개념을 관철하면서 근간에 이루어진 다양한 분야로부터의 성과를 학제적으로 종합하여 통합적인 그림을 그리려는 것이다. 철학이라고만은 할 수 없는 복합적인 개념의 포스트모더니즘 또는 포스트구조주의도 구성주의와 비교해 볼 수 있다. 구성주의와 포스트구조주의는 모두 물질/정신, 자연/문화, 주체/객체, 선/악과 같은 이분법적인 사고를 지양하고 외부의 실재가 그대로 의식에 표상될 수 없다고 보는 점에서 반표상주의적이다. 또한 세계는 역동적으로 짜인 하나의 구조물로서 과정 속에서 방향설정이 이루어지는 혼돈적, 단편적, 다중 실체적인 것으로 본다. 그러나 포스트구조주의는 언어비판과 철학비판을 통한 은유를 사용하는 반면 구성주의에서는 생물학적, 심리학적인 인식하에서 과학적인 방법이 동원된다. 포스트구조주의는 기본적인 법칙이나 원칙 또는 시작점, 원칙적인 근거나 중심들과 같은 것들이란 어떤 인간의 현실에도 있을 수 없다는 존재론적 가정에서 출발하지만 구성주의는 생명체계나 인지체계의 기능방식의 인식론적 가정에서 출발한다. 언어관에 있어서도 구성주의는 인간이 자기발생적, 자기 구성적, 자기 지시적 차이와 구별을 통해서 언어를 구성해내고 그 언어는 함축적이고 이성적이라고 믿지만 포스트구조주의는 그것이 비지시적이고 비논리적이라고 본다. 무엇보다도 중요한 점은 구성주의는 포스트구조주의와 마찬가지로 우리가 객관적인 실체에 접근할 수 없다고 믿지만 그러한 경험을 가능하게 하는 기제나 구조를 가정하고 있다. 이러한 점에서 구성주의는 철저한 과학주의적 모더니즘이라고 할 수 있다.

8.

바렐라가 인지생물학자이기는 하지만 본인 스스로를 인지과학의 계산주의자와는 구별하면서 자신의 입장을 구성적 인지과학enactive cognitive science이라고 부르고 있다. 초기 인지과학을 주도했던 계산주의는 인간의 마음을 정보처리체계로 보고, 마음을 계산가능한 기호처리체계로 간주하며, 복잡하고 다양한 인지적 행위가 구성단위들의 유한하고 결정적인 조합으로 설명가능하다고 본다. 계산주의를 기호조작주의 또는 고전주의라고도 하는데 그 이유는 그 의미와 연원에서 짐작할 수 있다.

바렐라의 구성enaction이라는 단어가 구성주의의 구성construction과 같은 단어는 아니지만 의미는 완전히 동일할 뿐만 아니라 바렐라의 구성에 있어서 '행동에 의하여'라는 뜻은 구성의 모든 의미는 아니지만 선언적인 의미를 드러내준다. 그런 이유로 체화된 인지과

學embodied cognitive science이라는 용어도 통용되는 것이다. 이러한 생각을 갖고 있는 바렐라의 입장에서 한때 인지과학의 주류를 이루었던 계산주의와의 구별을 강조하는 것은 당연한 일이라 할 수 있을 것이다.

9.

오토포이에시스의 문자 그대로의 뜻은 자기를 의미하는 오토auto-와 생산을 의미하는 포이에시스-poiesis의 결합으로 자기생성이나 자기창조이다. 오토포이에시스라는 용어는 마뚜라나와 바렐라에 의하여 살아있는 시스템을 정의하고 설명하기 위하여 언급되었던 시스템에 대한 개념으로 제시되었다. 오토포이에시스적 기계는 구성요소의 생성(변형과 소멸)과정의 네트워크로서 (하나의 통일체로) 정의되도록 조직화된 기계이다. 오토포이에시스적 기계는 구성요소들의 상호작용과 변형을 통하여 구성요소들을 생성하는 과정의 네트워크를 끊임없이 재생산하고 실현하고 그러한 네트워크로서 자신을 구현하는 위상적인 영역을 지정함으로서 구성요소들이 존재하는 공간에서 구체적인 하나의 통일체로 자신을 이룬다.

오토포이에시스적 시스템의 전형적인 예는 생물학적인 세포이다. 오토포이에시스적인 시스템과 대조되는 것을 알로포이에틱allopoietic 시스템이라고 하며, 공장 자체가 아니라 다른 무엇인 자동차(조직화된 구조)를 생산하기 위하여 원료(구성요소)를 사용하는 자동차공장과 같은 예가 있다.

어떤 사람들은 오토포이에시스와 비슷한 말로 자기조직화를 사용하지만 마뚜라나 자신은 자기조직화라는 개념을 결코 사용하지 않는다. 게다가 오토포이에시스적 시스템은 자신 안에 전체를 유지하기 위한 충분한 과정이 있다는 점에서 자율적이다. 오토포이에시스적인 시스템은 자신의 매체와 '구조적으로 결합'structurally coupled되어 있고 '감각-운동 결합'sensory-motor coupling으로 불릴 수 있는 동적인 변화체계에 내장되어 있다. 이러한 연속적인 변화체계는 지식 또는 인지의 기초적인 형태로 간주될 수 있고, 생명의 모든 형태에서 관찰된다.

10.

신경현상학은 실제적인 방법으로 의식의 어려운 문제를 해명하는 것을 목적으로 하는 과학연구 프로그램을 이르는 말이다. 신경현상학은 인간 마음이 행위를 통하여 체화되는 조건에 초점을 두고 경험, 마음, 의식을 연구하기 위하여 신경과학과 현상학을 결합한다. 바렐라가 이 용어를 처음 만든 것은 아니지만 인지신경과학자로서 정의적인 이해를 제공하였고, 바렐라의 이러한 작업은 많은 철학자와 신경과학자에게 연구의 새로운 방향으로 연구를 계속할 수 있는 영감을 제공하였다.

현상학은 일상의 경험을 탐구하는 철학적 방법이다. 현상의 초점은 경험이 의식에 나타나는 대로 즉, 1인칭 관점에서, 다른 현상을 검토하는 하는 것이다. 그래서 현상학은 나타남이 우리 자신에게 어떻게 제시되는지, 그리고 우리가 나타남에 어떻게 의미를 부여하는지를 이해하는 데 특별히 유용한 분야이다.

신경과학은 두뇌의 과학적 연구이고 의식의 3인칭적 측면을 다룬다. 의식을 연구하는 과학자들은 1인칭이나 3인칭 방법 어느 한 가지 만을 사용해서는 어려운 의식의 의문점을 해명할 수 없을 것이라고 생각한다. 역사적으로 후설은 현상학을 의식 연구에 있어서 구체적인 방법, 즉, 에포케(판단중지)를 가진 일관성 있는 철학 분야로 만드는 작업을 한 철학자로 간주된다. 후설은 마음 연구에 있어서 의식은 종종 "~에 대한" 어떤 개념으로 설명되어지는 지향성으로 파악되는 것이고, 그리고 의식은 항상 그 무엇에 대한 의식이라는 것을 인정하는 것이 지극히 중요하다고 생각하였다. 체화의 현상학에 대한 특별한 강조는 20세기 중반의 메를로-퐁티에 의하여 만들어졌다.

자연스럽게 현상학과 신경과학은 많은 공통점을 가진다. 그러나 주로 현상학과 마음의 철학 사이의 존재론적인 불일치 때문에 이 두 분야의 대화는 아직도 매우 논쟁적인 주제이다. 철학자인 로버트 드레퓌스는 인공지능 뿐만 아니라 인지과학의 계산주의자와 표상주의자의 존재론적 가설에 대한 영향력 있는 비판을 통하여 신경과학과 체화된 존재론을 통합하는 새로운 방향을 제시하였다. 드레퓌스의 작업은 인지과학자들과 신경과학자들이 현상학과 체화된 인지과학 또는 구성주의enactivism을 연구하도록 영향을 주었다. 그 자신의 신경동역학을 메를로-퐁티 접근법이라고 하는 월터 프리만

이 그러한 경우중 하나이다. 그러나 이 문제에 대한 최근의 경향은 후설에 대한 드레퓌스의 해석을 거부하면서도 에반 톰슨의 최근 작업이 보여주는 것과 같은 후설의 현상학을 마음의 과학으로 통합하는 작업에 큰 관심을 보이고 있다.

바렐라는 신경현상학을 연구하는 방편으로 신경동역학도 연구하였는데, 신경동역학neurodynmaics은 뇌기능을 기술하는 데 있어서 신경활동의 시간-공간(동역학)적 성질에 강한 초점을 두는 인지과학의 한 분야이다. 뇌동역학은 비선형 동역학, 복잡계 이론, 그리고 통계물리학에서의 최신 성과를 포괄하는 현대 이론 신경생물학을 반영한다. 신경동역학은 종종 요즘 유행하는 계산적이고도 모듈적인 접근의 인지신경과학, 인지과학이나 인지심리학의 암시적/명시적 표상주의representationalism와는 대조된다.

11.

구성주의와 바렐라에 대한 역자의 다소 개인적인 소회를 밝히면서 부족한 해제를 마치고자 한다. 인공지능은 컴퓨터를 지능적으로 만들기 위한 기술을 연구하는 컴퓨터과학의 한 분야이기도 하지만 지능을 이해하기 위한 인지과학의 한 분야이기도 하다. 인공지능은 심리학, 생물학, 철학, 언어학, 뇌과학 등 다른 인지과학의 분야와는 달리 컴퓨터를 이용하여 지능을 구현하려는 분야이기 때문에 지능에 대한 이해가 지능을 만들어 낼 수 있을 정도의 구체성을 가져야 한다. 여기서 지능이란 단순히 지능적인 기술을 의미하는 것만은 아니고 환경에 적응하여 살아남는 능력을 의미하는 것이다. 이러한 지능은 생명체를 포함한 모든 종류의 시스템에도 해당될 수 있는 개념이다. 그러므로 이러한 지능은 환경에의 적응이라는 뜻에서 구성주의의 인지라는 말과 다르지 않다.

이러한 개념을 인간이라는 시스템에 적용하면 인간의 인지는 인간을 둘러싼 우주와 자연에 대한 이해와 행위가 될 것이고 이것이 곧 인간의 역사와 문화이다. 인간의 역사와 문화는 인간의 삶이 무엇인지, 어떻게 살아야 하는가에 대한 총체적인 모습이고 인간 자체에 대한 이해뿐만 아니라 인간의 사회, 종교, 예술, 정치 등의 해명과도 밀접한 관련을 가지고 있다. 이러한 관점에서 20여년 넘게 인공지능에 몸 담아온 역자에게 구성주의와 바렐라는 단순히 하나의 입장이나 한 명의 학자 이상의 의미를 가지고 있다.

본 역자는 공공연히 스스로를 구성주의자라고 분명하게 관점과 입장을 표하여왔다. 이 넓은 우주의 긴 시간 안에서 아주 좁은 공간에서 찰나의 삶을 살아가는 인간으로서, 우주 자체보다는 우주를 생각하는 인지의 구성을 생각함으로써 살아있는 동안 모든 것을 이해 할 수 있는 기회를 준 바렐라를 포함한 모든 구성주의자들에게 감사한다.

2009년 12월
박충식

■ 참고문헌

Dennett, *The Fantasy of First-Person Science, Third Draft*, March 1, 2001, http://ase.tufts.edu/cogstud/papers/chalmersdeb3dft.htm.

Korean Society for Phenomenology, *The Applied Phenomenology*(2009), The Proceedings of the 3rd PEACE International Conference Phenomenology, September 18-21, 2009.

Rudrauf, Lutz, Cosmelli, Lachaux, Le Van Quyen (2003), "From autopoiesis to neurophenomenology : Francisco Varela's exploration of the biophysics of being", *Bio Res* 36 : 21-59.

Varela and Shear(1999), "First-person Methodologies : Why, What & How?", *Journal of Consciousness Studies*, 6, No. 2-3, 1999, pp. 1-14.

박충식·유권종, 「새로운 도덕 심성모델 : 퇴계학, 구성주의, 인공지능」, 『한국철학자대회 논문집』, 2004.

박충식·유권종 , 「性理學 심성모델 시뮬레이션을 이용한 유교 예 교육 효용성 분석」, 『동양철학회』, 2002a.

박충식·유권종, 「인지과학적 시뮬레이션을 통한 조선 성리학의 예교육 심성모델개발(1)」, 『민족문화연구』, 2002b.

박충식, 「구성적 인공지능」, 『인지과학』 제15권 4호, 2004, pp. 61-66.

움베르또 마뚜라나·프란시스코 바렐라, 『앎의 나무』, 최호영 옮김, 갈무리, 2007.

지그프리트 J. 슈미트, 『구성주의』, 박여성 옮김, 까치, 1995.

프란시스코 바렐라·에반 톰슨·엘리노 로쉬, 『인지과학의 철학적 이해』, 석봉래 옮김, 옥토, 1997.

생명과 마음 : 오토포이에시스로부터
신경현상학까지
― 프란시스코 바렐라에게 바치는 헌사1

개인적인 일화부터 소개하기로 한다. 내가 프란시스코 바렐라를 만난 것은 1977년 여름 "자연 속의 마음"이라는 주제로 열린 회의에서였다. 이 회의는 나의 아버지 윌리엄 어윈 톰슨과 그레고리 베이트슨이 조직하였다. 장소는 뉴욕 주 사우스 앰튼의 〈린디스판 협회〉Lindisfarne Association라는 연구소였다. 이 연구소는 아버지가 설립하였고, 당시 린디스판의 거류학자로 와 있었던 그레고리 베이트슨

---

1. [옮긴이] 이 글의 출처는 *Phenomenology and the Cognitive Sciences 3* : 381-98 (2004) 이다. 저자인 에반 톰슨은 요크 대학 철학과(科) 인지과학과 체화된 마음 연구소장(Canada Research Chair in Cognitive Science and the Embodied Mind, Department of Philosophy, York University, E-mail: evant@yorku.ca)이다. 이 글은 저자가 프랑스 파리의 소르본에서 6월 18일부터 20일에 열린 "오토포이에시스로부터 신경현상학까지 : 프란시스코 바렐라에 대한 헌사"라는 회의에서 큰 소리로 읽기 위해 쓴 것이라고 밝히고 있다.

이 소장으로 있었다.[2] 나는 15살이 채 안 되었고, 프란시스코는 32살이 다 되었다. 그 때 프란시스코는 오토포이에시스에 관한 작업과 그 자신의 자기제어 계산에 관한 작업으로 2세대 사이버네틱스와 체계이론 학계에 알려진 사람이었다(Varela et al., 1974; Maturana and Varela, 1975; Varela 1975). 그러나 이 집단 밖에서 그는 1970년대 미국의 대항문화의 지식인 저널로서 널리 읽히고 있었던 계간『공진화』에 그보다 1년 전에 발표한 논문과 함께 게재된 인터뷰 기사로 잘 알려져 있었다(Varela 1976a, b). "불일불이"不一不二: Not One, Not Two라고 불렸던 그 논문은 심신관계를 다룬 매우 중요한 논문이었는데, 역시 베이트슨과 하인츠 폰 포에스터를 포함한 다른 사람들이 참가한 다른 회의에서 발표된 것이다. 그것을 읽었던 내 기억으로는, 그 글에서 바렐라는 이원성들dualities과 자기지시self-reference를 심신문제에 적용하면서 어떠한 견해를 전개하고 있었으며, 또 그 글은 매우 중요한 무엇인가를 말하고 있었는데 나는 그 때 그것을 정확하게는 이해하지 못했다. 또한 나는 바렐라와 물리학자 데이비드 핑클스타인이 자연의 체계와 논리학과 수학의 관계에 관해서 논쟁하는 것을 들은 적도 있다. 바렐라는 자기지시의 대수적 기초에 관한 연구를 하고 있었고 핑클스타인은 양자논리quantum logic에 관해서 연구하고 있었다. 나는 그 토론을 이해할 수

---

2. 회의는 1977년 8월 24일부터 31일까지 열렸다. 참가자들은 Lewis Balamuth, Gregory Bateson, Mary Catherine Bateson, David Finkelstein, David Fox, William Irwin Thompson, Fransisco Varela, Arthur Young이었다. 이 회의는 Bateson이 그의 마지막 저서인『마음과 자연 : 필수적인 합일』[(*Mind and Nature : A Necessary Unit* (New York : E.P. Dutton, 1979)]의 원고를 쓰고 있는 동안에 열렸다.

있는 지식이나 경험이 없었지만 그들의 토론에 매혹되었던 것이다. 오늘의 이 강연을 준비하면서 몇 년 동안 보지도 않고 놔두었던 그의 "불일불이"라는 글을 다시 읽었다. 이때에 내게 와 닿았던 말들은 바렐라가 글 말미에 쓴 다음과 같은 내용이다. "내가 우리 토론의 주요 요소로서 보는 것은, 어떠한 방식으로든 심신 이원론을 봉합하는 것이 가능하도록 하려면 거기에는 경험(존재)상의 변화가 이해상의 변화 못지않게 필수적이라는 사실이다"(Varela 1976a, p. 67). 여기서 바렐라에게 관심의 대상이 되는 이원론은 정신적 속성과 물질적 속성을 가진 것들의 추상적이고 형이상학적인 이원론이 아니고 과학적 연구 대상으로서의 마음과 경험을 수행하고 있는 주체로서의 마음 간의 이원론이다. 그의 초기 논문으로부터 그 자신의 질병과 간 이식의 경험에 관하여 쓴 마지막 저술에 이르기까지 바렐라의 생애와 연구 중에서 가장 중요하면서도 예외적인 면모들 가운데 하나는, 그가 심신의 문제가 철학적 문제 또는 과학적 문제일 뿐만 아니라 직접적 경험의 문제라는 점을 결코 놓치지 않았던 점이다. 그 문제는 이렇게 설명할 수 있다. 인간의 마음이 모형인간이라든가 해골바가지 같이 스스로 작동하지 못하는 물건이 아니라 자기구성적enactive이고, 체화되고,[3] 창발적이고,[4] 역동적이고, 관계의존적[5]인 것, 따라서 어떤 의미에서 비실재적이라는 점을 과학적

---

3. [옮긴이] 여기서 체화되었다는 말의 의미는 마음이 몸의 성격을 닮았다는 의미로 볼 수 있다.
4. [옮긴이] 여기서 창발적이라는 말의 의미는 살아가면서 수시로 생겨나는 것이라는 의미이다.
5. [옮긴이] 마음은 관계 속에서 발생하는 것이라는 의미이다. 즉 마음은 대상과 관련하여

으로 표상하는 것은 그 자체가 하나의 별도의 일이고, 어느 한 사람이 자신의 마음의 이같은 본질을 직접적으로 경험하는 것은 또 다른 일이라는 이야기다. 현상학적인 용어로 보면, 마음이 의도하는 대상들을 "구성"하는 데에 참여하는 것으로서 마음을 과학적으로 표상하는 것이 하나의 일이라면, 자신의 직접적인 생생한 경험 속에서 작동하고 있는 그러한 구성작용을 보는 것은 또 다른 일이라는 것이다. 바렐라는 현상학자들이나 불교도들과 마찬가지로 이러한 직접적 경험이 가능하다고 생각했다. 또 그는 과학과 철학이 이러한 종류의 경험에 대해 논의할 수 없다면 우리는 결코 심신의 문제를 효과적으로 다룰 수 없으며, 그 대신에 이론적 구성을 위하여 경험을 부정하든가 아니면 자연적이고 객관화할 수 없는 경험을 위하여 과학적 통찰을 부정하든가 둘 중 어느 하나의 극단적인 견해에 빠지고 말 것이라고 생각했다.

10년 후(1986년) 바렐라와 나는 우리의 저서 『체화된 마음』을 함께 쓸 때에 이러한 생각들을 발전시키는 데 많은 노력을 기울였다. 비록 이 책에서 다룬 체화된 인지에 관한 관념들은 그 분야에서 널리 알려지고 수용되었다고 하더라도 그 저술의 중심 주제는 아직도 제대로 이해되지 않았다고 나는 감히 말할 수 있다. 그 주제란 마음에 관한 과학적 연구와 생생한 경험에 대해 훈련된 현상학들 사이의 서로 주고받는 순환관계back-and-forth circulation 6의 필요성이다.

생겨나는 것이라는 의미이다.
6. [옮긴이] 마음에 관한 과학적 연구와 삶의 생생한 경험의 절제된 현상학들 사이의 서로 주고받는 순환관계(back-and-forth circulation)란 이 두 가지 종류의 연구가 상호보완적

그러한 순환관계가 없을 때 과학자와 철학자가 빠지게 될 위험은 허무주의nihilism이며, 그에 의해서 보면 사물들을 경험하면서 동시에 누군가의 이론이 말하는 방식으로 그것들을 믿는 작용을 중단할 수 없다고 하는 것은 환상이라는 의미이다. "아무도 없다"being no one(자아와 같은 것[일종의 실재로서의 자아— 옮긴이]은 없고 오직 신경적 자아 모델이 있을 뿐이다) (Metzinger, 2003), 또는 의식이란 뇌 "사용자의 환상"(Dennett, 1991) 등의 이론적 관념들은 이러한 논리를 입증하는 것이다. 바렐라와 내가 과학과 경험의 "근본적인 순환관계"라고 부르는 것에 대해 음미하면 다음과 같은 것이 생각난다. 그러한 의식consciousness 모델들은 경험적 수준에서 그들을 만들어내는 과학자들의 특수한 주관성을 미리 가정할 뿐 아니라, 초월적 수준에서 실재를 향해 선험적으로 열려있는 의식의 지향성 —이 의식의 지향성에 의해서 우리는 어느 것에 대해서 어떠한 이해라도 할 수 있는 것이다 —을 역시 가정하고 있는 객관화라는 점이다. 따라서 어떠한 의미에서 경험이란 환원될 수 없는 것이다.

10년 뒤인 1996년의 바렐라의 신경현상학에 관한 논문으로 넘어가보자(Varela, 1996). 여기서 심신心身 문제 역시 경험의 문제라는 생각이 신경과학 및 이른바 의식에 관한 "어려운 문제"와 실질적으로 관련되어 분명하게 언급되었다.

의식에 관한 그 어려운 문제란 생리학적 과정들이 어떻게 그리고 왜 경험을 일으키는가 하는 문제이다. 의식과 뇌활동 사이의 연

작용을 하는 것임을 강조한다.

관성을 설정할 수 있는 것이 하나의 일이라면, 어떻게 모종의 생리학적 과정들이 의식을 일으킬 수 있고 왜 모종의 생리학적 과정들이 의식을 일으킬 수 있는가 하는 것에 대한 설명은 또 다른 일이다. 현재 우리에게는 그러한 설명을 할 방법이 없을 뿐 아니라, 주관적 경험과 뇌(의 실제 활동) 사이의 이론적 간극을 메우기 위해서는 꼭 가져야 될 어떠한 형식에 관해서도 확신하는 것이 없는 상태이다. 이 어려운 문제를 풀기 위한 "방법론적 요법"으로서 신경현상학을 제안했던 바렐라의 생각에 의하면 어떠한 3인칭적[또는 관찰자적— 옮긴이] 이론적 제안이나 모델로도 이러한 간극을 넘어설 수 없는 것이다. 그에 의하면 "모든 기능에 관한 설명들이 놓치고 있는 것은 그러한 설명의 정합적인 성격이 아니라 인간의 실 생명으로부터 그것이 고립되어 있다는 점이며, 어떠한 '별도의 (이론적) 요소'를 투입하거나 심오한 '이론적 수리'theoretical fix가 아니라 오직 인간의 생명을 그 안에 되돌려 놓음으로써 그러한 공란을 메울 수 있게 될 것이다"(Varela, 1996). 다른 것들보다 "인간의 생명을 그 안에 되돌려 놓음"이란 경험에 관한 원래의 현상학적 탐구까지 포함하도록 신경과학의 영역을 확장하는 것을 의미한다. 이러한 방법에 의하여야 경험의 축이 단지 또 다른 추상적인 기능주의적 모델의 참조사항이 되는 데 그치지 않고 "직접적으로 완벽한 설명을 할 수 있는 방법을 형성하게 되는 것이다"(1996, p.345). 그러나 만약 경험이 이러한 방법상 중추적인 역할을 하게 된다면, 그것은 준엄한 현상학에 의하여 동원되어야만 한다. 이것이 실질적으로 의미하는 바는 다음과 같다. 뇌동역학 연구를 소개하기 위하여 원래의 당사자 자료first-person data[또는 1인칭 자료 — 옮긴이]를 사용하였던 바렐라가 행했던 최근의 실험적 연구들의 하나에서 바렐라가 시험 삼아 보여주었듯이(Lutz et al., 2002), 의식을 다루는 신경과학은 경험을 다루도록 훈련된 당사자의 탐구를 반드시 채택해야 한다는 것이다. 그러므로 현상학이란 "우리가 실재에 관한 설명을 하는 과정에서 거치는 단순한 하나의 편의의 장소가 아니라 오히려 그 자체의 권한을 가지고 있는 능동적인 참여자인 것이다"(Varela, 1996, p. 344). "훈련된 당사자의 설명은 단지 우연하거나 발견된 정보에 그치지 않고 신경생물학적 설명을 확인하는 하나의 집약적인 요소로 간주되어야 한다"고 바렐라는 말했다(1996, p. 344).

이 새로운 방법론적 접근에 덧붙여서 신경현상학은 역시 생명의 오토포이에시스적 개념, 마음의 창발적 개념, 그리고 지향성, 주체 및 살아있는 몸 등의 현상학적 개념에 의하여 형성되는 것이기도 하다. 이 개념들은 바렐라가 마음과 생명의 "갱신된 존재론"renewed ontologies이라고 부르는 것들과 신경현상학을 연결시키고 있다(Varela, 1997). 이 갱신된 존재론이라는 관념이 오늘 내가 말하고자 하는 것이다.

어려운 문제 너머 있는 생명

먼저 의식에 관한 어려운 문제를 논할 때 사용되는 용어들을 고쳐보자. 그 어려운 문제에 대한 토마스 네이글Thomas Nagel의 고전적인 표현을 생각해보자.

만약 정신적 과정이 물리적 과정이라면 거기에는 본질적으로 모종의 물리적 과정들을 경험하게 되는 것이 있을 것이다. 무엇이 그러한 경우가 되는 것인가 하는 점은 의문으로 남아있다(Nagel, 1979, p. 175).

네이글의 요점은 어떤 의식적이고 정신적인 과정의 주관적인 성격을 모종의 객관적인 물리적 과정으로서 설명할 수 있다거나 또는 그 물리적 과정이 그러한 성격을 형성할 수 있다고 생각하지 않는다는 것으로, 이제는 우리에게 친숙한 견해이다. 그러나 그 문제를 이러한 방식으로 언급하게 되면 문제를 데카르트적 정신적인 것 대 물질적인 것의 이원적 체제 속에 두는 것이고, 이러한 체제는 실질적으로는 설명할 수 없는 공백을 낳고 그래서 그 문제를 해결하는 것은 불가능하게 되고 만다. 대신 우리에게 필요한 체제는 "정신"과 "물질"을 상호간 반대되는 것으로 배치하지 않거나 혹은 어느 하나를 다른 하나로 환원시키지 않는 체제이다(그러한 의미에서 "동일한 것도 아니고 다른 것도 아닌 것, 불일불이이다"). 우리는 이미 이러한 간극을 넘어서 있는 한 종류의 현상에 주목할 필요가 있다. **생명**life **또는 살아가는 존재**living being가 바로 이러한 종류의 현상인 것이다. 이 두 가지가 만나는 곳은 현상학자들이 **살아있는 신체**lived body 7라고 부

---

7. [옮긴이] 여기서 살아있는 신체란 정확하게 표현하면 생명 또는 살아가는 존재에 의하

르는 것 안에 있다. 우리가 추구하는 것, 그리고 신경현상학이 찾고 있는 것은 생물학과 현상학을 통합하고 있는 살아있는 신체에 관한 설명이고, 그것을 통해서 "그 간극을 넘어갈 수 있는 것이다"(Roy et al., 1999).

네이글의 설명 가운데 "물리적"이라는 개념을 "신체"로 바꾸면 어떤 의미가 될까?

만약 정신적 과정들이 신체적 과정들이라면, 거기에는 본질적으로 모종의 신체적 과정들을 경험하게 되는 것이 있을 것이다.

이렇게 바꾸면 어떤 차이점이 있게 될까? 만약 거기서 어떤 신체적 과정들을 경험하면서 어떤 신체적 과정에 속하는 것이 있다고 한다면 그러한 신체적 과정들이 바로 경험들인 것이다. 그 경험들은 주관적이거나 당사자적 성격을 지니고 있으며, 그것들은 경험하는 것을 중단하지 않는 이상 늘 존재하는 것이다. 이것은 **느낌**이다. 윌리엄 제임스가 "의식의 모든 상태 그 자체를 가리키기 위하여" "느낌"feeling이라는 말을 사용했을 때(James, 1981, p. 185) 그가 고려하였던 넓은 의미에서 말이다. 다마지오Damasio가 "우리의 마음속에 있는 생명을 입증하고 있는 것"으로서 느낌을 묘사하며 부활시킨 그 의미의 느낌이라고도 할 수 있다(Damasio, 2003, p. 140). 따라서 정신적 과정들이 또한 신체적 과정이 되기도 한다는 문제는

여 생명을 얻는 신체란 의미이다. 영어식 표현은 lived로 생명이 주어지는 수동적 상태이다.

크게 보면 **주관성과 느낌이 신체적 현상이 되는 것**의 문제인 것이다. 현상학적인 용어로 말하면,

> 하나의 물리적으로 생명을 영위하는 육체a physical living body,
> Körper/leiblicher Körper가 하나의 살아 있는 신체a lived body,
> Leib/körperlicher Leib가 된다는 것은 무엇인가?

그것[이러한 해석— 옮긴이]은 이 문제를 신身-신身 문제로 부르게끔 한다. 나는 그것이 심신관계에 관한 어려운 문제를 "근본적 체화"라는 방식으로 재공식화하는 것이라고 부르고자 한다(Thompson and Varela, 2001).

이 문제를 이러한 방식으로 생각해봄으로써 나는 하나의 물질적인 물건으로서 신체Körper와 하나의 살아있는, 느낌을 갖는 존재로서의 신체Leib의 사이에 현상학적인 구별을 할 수 있게 된다. 이 구별은 동일한 신체body의 두 가지 다른 모양의 표상에 관한 구별이지 두 개의 신체 또는 두 개의 (속성-이원론적 의미에서property-dualist sense) 속성들에 대한 구별은 아닌 것이다. 그러므로 그 설명이 불가능했던 공백은 이제 구체화된 한 가지 상징 또는 살아있는 존재의 한 가지 유형론typology 속의 두 가지 유형 사이에 존재하게 되었고, 두 가지 상반되면서 구체화된 존재론("정신적인 것"과 "물질적인 것") 사이에는 존재하지 않게 되었다. 더 나아가 이러한 공백은 더 이상 절대적인 것이 아니다. 왜냐하면 그 점을 언급하기 위해서 우리는 **생명** 또는 **살아가는 존재**를 정신과 물질 양면에서 동시에 참조

할 필요가 있기 때문이다.

이 두 가지 점은 철학적으로 사소한 것이 아니다. 고전적 문제로 간주되는 심신관계에 관한 어려운 문제에 있어서 그 공백은 절대적이다. 왜냐하면 정신과 물질, 의식과 뇌의 사이에 양자를 통합하는 개념은 현재 없으며 있을 수도 없기 때문이다. 의식은 기능적 분석이 되지 않는 현상학적 특성으로 간주되며, 감각질과 동일시된다. 반면에 몸이란 기계적 장치mechanism를 지닌 구조와 기능으로 간주된다.[8] 이러한 등가 사항들을 전제할 때, 우리는 의식을 뇌의 어떠한 상태로 환원하기 위하여 의식을 기계적 구조로 만들든가 아니면 속성 이원론자가 되든가 양자택일하지 않으면 안 된다. 우주를 이런 방식으로 나누는 것은 전적으로 데카르트적인 것이다. 비록 현대의 물리주의적 심리철학이 데카르트의 실체 이원론을 거부할지라도 마음과 생명의 기본적인 개념적 구분, 그리고 생명을 단순한 기계장치와 동일시하는 태도는 조금도 버리지 않았다.[9]

이와 대조적으로, 신경현상학자들에게 주요 관심사는 신체라는 객관적 개념으로부터 의식이라는 주관적 개념을 제거하는 방법과 관련되어서 고안된 문제가 아니다. 대신에 **살아가고 있는 존재**living being**로부터 살아가고 있는 주체**living subjectivity**가 창발되는 과정, 그리고 살아가고 있는 주체에 의하여 살아가고 있는 존재가 다시 형성되고 있는 상호**

---

8. 차머스(Chalmers, 1996, 1997)와 김(Kim, 1998)을 보라.
9. 예를 들면, 생명이란 구조와 기능 이외에는 아무것도 아니기 때문에 생명에는 어려운 문제가 전혀 없고, 반면에 물리적 구조와 기능은 논리적으로 현상적인 의식을 아래에서 결정하기 때문에, 의식의 문제는 어렵다는 널리 보급된 관점에서 이러한 사실을 분명히 확인할 수 있다. 차머스(Chalmers, 1996, pp. 106-107, 169; 1997, pp. 5-6)를 보라.

관계를 이해하는 것이 주요한 관심사인 것이다. 신경현상학에서 역점을 두어 다루는 것은 바로 **창발**에 관한 문제이지 심신관계의 어려운 문제에 관한 데카르트식 방식은 아닌 것이다.

삶과 마음의 강한 연속성

심신 관계에 관한 어려운 문제의 용어들을 고쳐가는 이 단계에서 살펴보아야 할 것은 삶과 마음 사이의 **강한 연속성**strong continuity이다. 이러한 관념을 구체화하는 하나의 방법은 삶과 마음이 하나의 공동의 유형pattern 또는 조직을 가지고 있으며, 마음의 특징적인 조직적 속성들은 그러한 삶의 원칙들이 고양되어 나타난 변형판이라고 말하는 것이다(Godfrey-Smith, 1996, p. 230; Wheeler 1997도 보라). 마음은 삶 같은 것이고 삶이란 마음 같은 것이다. 그러나 하나의 더 단순하면서도 더 자극적인 형식은 바로 이 하나의 명제, '**살아가는 것은 인지이다**'Living is cognition라는 것이다.

이 명제는 마뚜라나와 바렐라의 오토포이에시스(Maturana and Varela, 1980) 이론에서 나온 것이다. 어떤 사람은 이 문장의 'is'를 동일성의 'is'(삶=인식)이라고 간주하고(Stewart, 1992, 1996), 다른 이들은 술어 혹은 부류적 포섭(모든 생명은 인지의 속성을 지닌다)에 해당하는 것으로 간주한다(Bourgine and Stewart; Bitbol and Luisi). 이 명제의 근원은 마뚜라나의 1970년 논문, 『인지 생물학』

*Biology of Cognition*으로 소급된다(Maturana, 1970). 그 논문에서 그는 인지의 개념을 그 자체의 순환적인 재귀적 조직화에 의하여 특화되는 상호작용의 영역을 지니는 어떠한 생명체계의 작용을 의미하는 것으로 넓게 사용하였다. 인지란 이 상호작용의 영역에서의 효과적인 행동을 말하는 것이지 독립적인 환경의 표상은 아닌 것이다. 마뚜라나는, "**살아가는 체계들은 인지의 체계들이다. 하나의 과정으로서 삶이란 인지의 과정인 것이다.** 이러한 설명은 신경체계를 가졌거나 가지지 않았거나 모든 유기체에 유용한 것이다"(Maturana 1970, p. 13)고 말한다.

바렐라는 나중에 "삶은 인지다"라는 명제를 해설하기 위한 다른 방법을 택하게 된다. "**삶이란 의미 만들기**sense-making**이다.**" 운동력이 있는 박테리아가 설탕이 함유된 음식무더기 속에서 헤엄치면서 기어오르는 모습을 생각해보라. 그 세포들은 설탕이 있는 곳으로 최대한 맞닿을 수 있는 방향을 찾을 때까지는 여기저기로 굴러다니는 것이다. 그들은 좋아하는 설탕이 농축되어 있는 쪽으로 향하고 전진하고 기어오르면서 결국은 설탕이 최대로 농축된 곳을 향한다. 이 행태는 그 박테리아가 그들이 처한 환경 속에서 그들의 세포막 속의 분자적 감각기관을 통해서 설탕이 농축된 부분을 화학적으로 감지할 수 있으며, 그리고 마치 프로펠러처럼 그들의 편모를 회전시키면서 앞으로 이동할 수 있기 때문에 나타난다. 이 박테리아들은 물론 오토포이에시스적이다. 그들은 그러면서 동시에 역동적인 감각운동의 고리를 체화한다. 그들이 움직이는(구르거나 헤엄쳐서 앞으로 나아가거나) 방식은 그들이 감지하는 것에 의존하고, 그들이 감지하는 것은 그들이 움직이는 방식에 의존한다. 게다가 그 감각운동의 고리는 그 시스템의 자율성을 표현하는 동시에 그 시스템의 자율성, 즉 그 자체의 오토포이에시스를 유지하는 활동을 벗어나지는 않는다. 결과적으로 감각운동 각각의 상호 작용과 그 환경의 각각의 차별적인 특징은 박테리아의 전망을 체현하거나 반영한다. 예를 들면 비록 자당蔗糖이 하나의 실제적이고 현존하는 물리화학적 환경의 조건이라고 하더라도, 그것이 음식으로 간주되는 것은 아니다. 저 자당이 영양소라는 것은 그 자당의 분자 구조에는 고유한 것이 아니다. 그것은 하나의 관계적인 특징으로서 한 박테리아의 신진대사에 연결되어 있는 것이다.

자당은 음식으로서 의미 또는 가치를 지니고 있으나 그것은 오직 그 유기체 자체가 존재하게 될 때만 그러한 것이다. 바렐라는 한마디로 그 관념을 유기체의 자율성 덕택에 그것의 세계적 혹은 생태적 지위는 물리화학적 환경과 비교하여 "그 이상의 의미"를 가진다고 말하여 요약하고 있다(Varela, 1991 1997b). 삶이란 단순히 하나의 인지과정일 뿐은 아니다. 그것은 역시 하나의 **정서적** 의미 만들기의 과정이며, 존재에 의미와 가치를 만들어가는 과정인 것이다. 이러한 방식에서 세계는 곧 인력과 척력, 접근과 탈피의 **정서값이 결정되는** 장소인 것이다. 이 관념은 아래의 그림에서 묘사될 것이다 (Varela, 1997b).

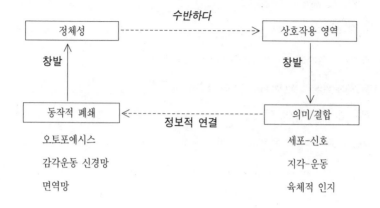

오토포에시스
감각운동 신경망
면역망

세포-신호
지각-운동
육체적 인지

이 표현을 사용함으로써 나는 "삶은 의미 만들기이다"는 명제를 다음과 같이 확장할 수 있다.

1. **생명=오토포이에시스.** 이것은 최소한의 생명을 조직하기 위해서는 오토포이에시스의 세 가지 기준 — (i) 하나의 영역이며, (ii) 하나의 분자의 반응의 네트워크를 포함하며, (iii) 그 네트워크는 그 자신과 영역을 생산하고 재생산한다 — 이 필요 충분 조건이라는 점을 의미한다.

2. **오토포이에시스는 한 자아의 창발을 낳는다.** 하나의 물리적인 오토포이에시스 체계는 그 자체의 작동적 폐쇄에 의하여 살아있는 신체 즉 하나의 유기체라는 형식 안에 개체 혹은 자아를 발생시킨다.

3. **한 자아의 창발은 한 세계의 창발을 낳는다.** 하나의 자아의 창발은 역시 어쩔 수 없이 그 자아에 고유한 상호작용이 상호 의존적인 영역 즉 환경Umwelt의 창발인 것이다.

4. **자아와 세계의 창발=의미 만들기**. 그 유기체의 세계는 그것이 환경으로부터 만들어내는 의미인 것이다. 이 세계는 유기체의 범역적 행동의 결과로서 의미와 결합의 장소인 것이다.

5. **의미 만들기=인지(지각/행동)**. 의미 만들기는 생명이 있는 감각운동 행동의 최소한의 의미 안에서 인지와 동등하다. 그러한 행동은 의미화signification와 결합을 지향하면서 동시에 거기에 종속되어 있다. 의미화와 결합은 사전에 "거기 외부에" 이미 존재하는 것이 아니고, 오히려 살아가는 존재에 의해서 체현되거나 구성되는 것이다. 삶이란 의미 만들기를 촉진하는데, 의미 만들기는 인지와 같은 것이다.

이 지점에서 당신은 "생명은 인지"라고 하는 명제가 **인지**cognition를 **적응**adaptation과 혼동하는 것에 대해서 반대할지도 모른다. 마가렛 보든(Margaret Boden, 2000 p.40)은 이러한 비난을 하였다. 그녀는 오토포이에시스가 필연적으로 인지를 포함한다는 암시를 피하기 위해서 "인지"라는 단어를 더욱 엄격하게 사용하는 것이 바람직하다고 생각한다.

나는 동의하지 않는다. 우리는 "적응"이라는 단어가 의미하는 바가 정확하게 무엇인지 물어야 한다. 신다윈주의자들에게 진화는 자연선택을 거쳐서 적응을 최적화한다는 의미를 포함한다. 그러나 오토포이에시스의 관점으로 본다면 진화는 단지 **적응의 보존** conservation of adaptation만을 의미할 뿐이다. 살아있는 존재가 해체되지 않고 그 자체의 오토포이에시스적 총체성을 지속할 수만 있다면, 그것은 **사실상**ipso facto 적응된 것이다. 왜냐하면 그것의 의미 만들기의 양태는 지속해서 생명력을 발휘할 수 있기 때문이다. 이러한 관점으로부터 보자면, 적응은 모든 생명에게 동일한 이면적 조건인 것이다. 다른 한편으로 "인지"는 현재의 맥락에서 삶의 의미 만들기 활동을 의미하는데, 그것은 적응 유지의 바탕이 되지만, 의미 만들기도 아니고, 삶도 아니고 적응 유지도 아닌 것이다. 주목할 것은 인지에 관한 이러한 사고방식은 지향성의 자연적 근원에 관한 다음과 같은 명백한 가설에 근거한 것이다. **지향성은 하나의 자율적 체계의 조작적 패쇄로부터 발생하는 것인데, 그것의 패러다임과 최소의 경우는 하나의 오토포이에시스적 체계인 것이다.** 이러한 가설은 역시 지향성이라는 현상학적 개념을 생물학과 복잡계 이론에 어떻게 연관 짓는가 하는 방법에 관한 제안을 담고 있다.

보든Boden의 반대쪽 끝에서 생물학자 린 마굴리스Lynn Marguilis는 "미생물의 의식"에 관하여 말하면서 "의식이 있는 세포"는 동물의 의식과 그 신경체계에 진화론적으로 선행한다고 생각한다(Marguilis, 2001). 그리고 현상학자 막신 쉬츠-존스톤Maxine Sheets-Johnstone은 그의 저서 『운동의 원칙』The Primacy of Movement에서 박테리아는 단지 인지를 할 뿐 아니라 유형적 의식의 가장 기초적인 종류를 체화한다고 주장한다(Sheets-Johnstone, 1999, pp. 52, 73).

여러분들은 깊은 생각 없이 이러한 세포의 의식에 관한 관념을 버릴 지도 모른다. 그러나 잠시 이 관념을 생각해보자. "의식"이란 여러 가지 의미를 지닌다. 그러나 여기서 가장 적절한 것 중 하나는

지각력sentience, 즉 살아있다는 느낌과 운동하면서 살려고 노력한다는 느낌이다. 비랑Maine de Biran은 존재의 소감le sentiment de l'existence에 관하여 저술했다. 다마지오(1999)와 판크(1998)는 원초적인 **자아의 느낌**feeling of a self에 관하여 말했다. 파토카(Patocka, 1998)로부터 쉬츠-존스톤(Sheets-Johnstone, 1999)과 바바라스(Babaras, 1999)에 이르는 현상학자들은 의식의 지향성을 이해하기 위한 **운동**의 중요성에 대해서 주의를 환기시켰다. 로돌포 이나스(Rodolfo Llinas, 2001)처럼 마굴리스(Marguilis, 2001)는 의식적 사고를 정신적 운동으로 기술한다. 그녀는 뇌활동과 똑같이 그것은 고대의 운동능력을 지닌 박테리아로부터 오는 것이며, 그 박테리아들은 그들의 진화의 증거를 세포의 구조와 신경들의 소통작용에 남겼다고 생각한다. 아마도 이러한 생각들은 지각력으로서의 의식은 **원초적인 자기자각적**self-aware **생명력이거나 신체에서 나오는** 생기生氣의 한 종류라는 한 마디로 요약할 수도 있을 것이다. 이것[의식—옮긴이]은 생명 자체와 함께, 즉 바로 일차적으로 살아가는 신체 즉 박테리아의 세포와 함께 창발하는 것인가? 한스 요나스는 이 문제를 명료하게 다음과 같이 주장한다.

거대한 생명의 스펙트럼의 어느 지점에서 우리는 내적인 본질의 "0"zero을 먼 저쪽으로 돌려버리고 하나의 최초의 "일"一, one을 우리에게 더 가까운 쪽으로 돌아오게 하는 선을 정당하게 그을 수 있을까? 생명의 시초를 제외한 그 밖의 어느 곳에서 내적인 본질이 시작하는 지점을 잡을 수 있을까?(Jonas, 1996, p. 63; 또 Jonas, 1966, pp. 57, 58을 보라).

우리가 이 내적 본질에게 자극들 혹은 의욕, 또는 그 밖의 다른 것을 향한 느낌, 감수성, 혹은 반응이라는 이름을 붙인다면, 그것은 어느 정도 "자각"하는가에 따라서 그 유기체에게는 절대적인 취향을 그 자신의 존재와 그것이 지속되는 과정 속에 감추어둔다 (Jonas, 1996, p. 69; Jonas, 1966, p. 84도 보라).

이 "유기체 자체의 존재와 지속 안에서 그 유기체의 절대적인 취향"은 스피노자가 말하는 코나투스conatus, 즉 생명에 속하는 '존재하려는 "관심", 존재를 지속시킴'이다. 요나스는 스피노자가 그 당대의 지식을 바탕으로, 이러한 관심은 "사물에게 주어진 상황을 넘어서 영원히 진행되는 하나의 운동으로서 작용할 수 있을 뿐이며"(Jonas, 1968, p. 243), 그래서 단순한 보존의 문제는 결코 아니라는 점을 알아차리지 못했다고 관찰한다. 그러나 우리는 요나스가 그의 당대의 지식으로써 이 자기초월적 운동인 자기조직적인 형태가 역동적인 체계 즉 하나의 오토포이에시스적인 존재의 어떠한 한 종류의 자연스러운 귀결임을 알아차리지 못했다는 사실을 관찰할 수 있다. 생명의 자기초월적 운동은 대사작용 이외에 다른 것이 아니며, 대사작용은 오토포이에시스적 조직체의 생화학적 구체적 예시 외에 다른 것이 아니다. 저 조직은 불변적인 상태로 남아있어야만 하는데 그렇지 않으면 유기체는 죽어버리는 것이다. 그러나 오토포이에시스가 적절하게 지속될 수 있는 유일한 길은 대사작용의 끊임없는 물질적인 흐름을 통해서이다. 다른 말로 하면, 오토포이에시스의 조작적 **폐쇄**는 그 유기체가 하나의 **개방된 체계**일 것을 요구한다는 것이다. 요나스는 이러한 조건을 유기체의 "필요불가결한 자유"라고 불렀다. 유기체는 어떠한 주어진 순간에도 그 자체의 물질적 구성에 제한되지 않는다. 그러나 마찬가지로 그것은 변화해야만 한다. 왜냐하면 정체는 죽음을 의미하기 때문이다.

의식에 관한 문제로 되돌아가보면, 생명의 의미 만들기는 그 유기체의 자율성과 짝짓기의 표명이지만 그것이 반드시 의식의 표명인 것은 아니라고 나는 생각한다. 이러한 견해를 선택한 것을 옹호하기 위하여 나는 다음과 같은 고찰에 호소하고자 한다. 첫 번째, 어떤 것을 "현상적으로 의식하고 있다"는 것은 그것과의 관련 속에서 행동하려는 의향intention을 형성할 수 있게 함을 의미하는 것이 될 것이다(Hurley 1998, pp. 149~150). 그것을 향한 의도적인 접근이 전혀 없는데도, 주관적으로 그것을 경험한다는 의미로서 어떤 것을 의식한다고 하는 관념은 전혀 의미가 없는 것이다. 그러나 세포류의 최소의 오토포이에시스적 자아가 그 자체의 의미 만들기를 향하여 그 유기체의 일부에서 어떤 종류의 의도적 접근을 포함하고 있다고 생각할 수 있는 이유는 전혀 없는 듯하다. 두 번째, 최소한의 오토포이에시스적 자아가 하나의 현상적인 1인칭 관점을 구성하는 전성찰적前省察的인 자기자각self-awareness이라는 현상학적 의미에서의 뚜렷한 자아 혹은 주체성을 포함하는 것 같지는 않다(Zahavi 1999). 차라리, 이것은 그 신경의 체계에 의해서 공급되는 생명 과정들의 성찰적인 가공과 번역을 요구하는 듯하다. 마지막으로 생명의 규칙의 역동적이고 무의식적인 과정들과의 연관 속에 의식을 놓는 것이 중요하며, 만약 누군가 의식을 세포 수준으로 투영하면 이 것은 어려워질 것이다.

목적론과 "오토포이에시스 기계들"

지금까지 내가 말한 많은 것들은 살아가는 존재들은 어떤 의미에서는 목적론적임을 시사한다. 유기체들은 자신들 자체의 존재와 지속에 대해서 관심을 가지며, 그들은 존재를 존속시키는 역동적인 추진력을 구현하고 있으며, 그들은 항상 그들의 현재적 조건을 넘어서지 않으면 안 된다. 이것들이 기술 가능한 목적론적 양상들이다. "삶은 의미 만들기"라는 것도 목적론적 기술과 동일하게 보이는데, 그것은 유기체가 자신의 환경을 이해하게 되는 그 의미를 지향하는 것으로서 그 유기체를 특징짓기 때문이다. "의미 만들기"는 현상학적 개념인 지향성intentionality을 떠올리게 하는데, 그것이 의미하는 것은 정적이고 표상적인 "존재성"aboutness이 아니고 차라리 의도하는 행동, 즉 현재 상태보다 진전된 인지적 획득과 경험을 통해서 만족을 구하는 데에 초점이 맞추어진 목적을 향해 추구하는 행동이다(Held, 2003, p.14를 보라). 이 지향성의 개념 뒤로 우리는 자기 생산적이면서 목적 지향적인 운동의 (레이코프와 존슨이 의미하는) 은유 또는 운동감각적 심상의 구도schema, 즉 생명의 운동형을 볼 수 있을 것이다.

그러나 우리는 오토포이에시스의 이론과 관련하여서 이 목적론적 제안을 어떻게 이해하여야 할까? 오토포이에시스란 그 자체의 원래의 형식에서는 기계적이고 반목적적인데, 마뚜라나와 바렐라는 명백하게 삶의 체계를 기계들과 일치하는 것으로 간주했고, 삶의 체계들이 목적론적이라는 점을 부정했다. "물리적 오토포이에시스의 기계들로서 삶의 체계들은 목적이 없는 체계들이다"(Maturana and Varela, 1980, p. 86). 그들의 "기계"라는 말이 인공물을 의미하는 것은 분명히 아니다. 그들이 의미한 것은 그 자체의 관계 조직에 의하여 작용-operation이 결정되는 어떠한 체계와 그 조직이 구조적으로 구현되는 방식이었다.[10] 오토포이에시스적 체계들은 그들 자신의 조직을 물질의 교환을 통해서 불변적으로 유지하며, 그래서 특별한 종류의 항상성을 지닌(혹은 homoedynamic) 체계들인 것이다 (Maturana and Varela, 1980, pp.78, 79).

이 지점에서 우리는 관계를 지닌 조직을 갖는다면 기계가 되기에 족한가 하는 점을 물어야 한다. 이러한 맥락 속에서 창발의 개념에 관해서 의문을 가지는 것도 가능하다. 바렐라와 내가 창발과 전체 체계의 인과관계에 관해서 했던 작업은 하나의 세포 자동기계

---

10. 마뚜라나와 바렐라 (Maturana와 Varela, 1980, pp. 75, 77). 바렐라(Varela, 1979, p. 7)는 각주에서 다음과 같이 말한다. "이 책에서 '기계'와 '체계'는 호환이 가능하게 사용된다. 그들은 분명히 구별되는 함축 작용을 하지만, 나의 목적상, 생물학적 기계론의 역사와 근대의 조직 분석의 경향과의 사이의 관계를 보는 경우만 제외하면 그 차이들은 비본질적이다. 기계와 조직은 그들의 생명체에 의한 한 부류의 단일체의 특징을 가리킨다."

속에서 오토포이에시스가 구현될 수 있다(Thompson and Varela, 2001)는 그의 견해와 마찰을 일으킬지도 모른다. 하나의 세포 자동 기계에서는 아마 틀림없이 어떠한 진정한 창발과 체계상의 인과관계도 없을 것이다. 왜냐하면 각각의 단위는 지엽적이고 그 전체의 패턴은 관찰자의 눈에만 들어올 것이기 때문이다. 그러나 우리는 하나의 세포 혹은 커다란 규모의 신경다발neural assembly과 같은 실제의 삶의 체계들에서는 창발과 순환적 인과성이 존재하며 그래서 그 체계는 전체로서 움직이며 그 자신의 구성요소들의 상태들을 구속한다고 주장했다.

여기서 나는 로버트 로슨의 작업, 이론생물학(1991, 2000)에 속하는 다른 계통의 작업을 고려해보는 것이 유용할 것으로 생각한다. 로슨과 바렐라는 비록 이상하게도 자신들의 저술 속에서 상대방에 대해서 결코 언급하지는 않지만 많은 생각들을 공유한다.[11] 로슨의 견해는 유기체들은 "효율적인 인과관계에 대해서 닫혀있기" 때문에 기계들과는 다르다는 것이다(Rosen 1991, p.244). 하나의 유기체에서는 각각의 효율적인 원인이 그 유기체의 안쪽에서 생산되지만, 기계에서는 그렇지 않은 것이다. 더 추상적으로 언급하면 하나의 유기체의 관계 모델에서 모든 함수function(수학적 의미의 함수

---

11. 바렐라와 마찬가지로 로슨(Rosen)은 별세한지 얼마 되지 않았고(1998년) 합병증으로 죽기에는 너무 젊었다(64세). 그는 나의 조국 캐나다에서 살았는데, 그의 저작들을 공부하면서 그와 바렐라에게 그들의 생각에 대해서 이야기해볼 시간을 놓친 것을 후회한다. 하나의 가치 있는 과학적이고 인식론적인 계획이 그들의 이론들을 다른 것과의 관계 속에서 평가하게 될 것인데, 나는 르렐리에 등(Letelier, et al)의 칠레 팀(2003)이 이 작업을 시작한 것을 기쁘게 생각한다.

mapping에서)는 모델내의 다른 함수에 의하여 포함된다. 반면에 하나의 기계의 관계 모델에서는 이러한 폐쇄closure는 일어나지 않으며 그래서 그 체계의 바깥으로 나가서 그것의 주위의 것들에게 호소해야 하는 것이라고 로슨은 주장한다. 로슨이 주장했듯이(1991, p. 246) 기계에는 유기체와 비교할 때에 "포함관계의 부족"이 있는 것이다. 바렐라는 이러한 차이는 하나의 조작적 폐쇄operational closure를 지닌 자율적 체계와 외부의 통제를 받는 타율적 체계 사이의 차이에 연관된다고 말한다(Varela 1979). 그러나 로슨 역시 유기체에서 폐쇄와 최대의 포함관계는 튜링 기계에 의해서 조작될 수 없다고 주장한다(Rosen, 1991, 2000, pp. 266~299). 더 정확히 말하면, 그는 **대사작용-회복**Metabolism-Repair 체계들이라고 불리우는(M, R) 관계 모델의 부류 또는 각각의 기능이 그 체계 내의 다른 기능에 의하여 생산되는 체계들은 튜링으로써 계산할 수 있는Turing-computable 것이 아님을 보여준다. 이 기초 위에서 그는 하나의 대사작용-회복체계가 하나의 세포처럼 물질적으로 구현된다고 하더라도 그것이 기계 장치이거나 기계가 될 수는 없다고 주장한다. 이러한 주장은 로슨의 대사작용-회복체계들과 오토포이에시스 체계들 사이의 관계는 무엇인가라는 의문을 일으킨다. 최근의 논문에서 르텔리에 등(Letelier, et. tal., 2003)은 오토포이에시스 **체계들은 로슨의** (M, R) **체계들의 부분집합인데**, 즉 각각의 오토포이에시스 체계는 조작적 상태에서 하나의 대사작용-회복체계에 상당한 것이라고 주장한다(그러나 그 역은 성립하지 않는다. 왜냐하면 하나의 일반적인 대사작용-

회복체계는 그 자체의 영역과 내적인 위상topology을 생성하는 오토포이에시스적 속성을 지니지 못하기 때문이다). 그렇게 되면 **오토포이에시스 체계들은 튜링으로써 계산할 수 있는 것이 못되고**, 그리고 하나의 물리적 오토포이에시스 체계 — 하나의 유기체 또는 살아가는 존재 — 는 기계(적어도 기계장치라는 하나의 추상적이면서도 강력한 개념으로서)가 아니라고 생각하게 된다.

만약 생명은 계산할 수 없다는 로슨의 주장이 옳다면, 이 결론은 인공두뇌학의 기계장치라는 범주에서 오토포이에시스의 원래 위치에 대한 중요한 도전이 된다. 또한 그것은 오토포이에시스는 세포 자동장치에 의해서 획득될 수 있으며, 오토포이에시스는 우리가 세포 자동장치에서 보는 창발보다도 더욱 강한 창발의 개념을 가능하게 할 것이라는 가설에 도전한다. 창발이란 하나의 체계를 전반적으로 앞서 존재했던 부분들과 [그들 작용의 — 옮긴이] 결과 속으로 분석해 들어갈 길이 없을 때에 인정하게 되는 것이다. 마뚜라나와 바렐라, 그리고 로슨은 각각 다른 방식이지만 똑같이 주장하기를 이러한 종류의 분석 또는 "분할"fractionation은 유기체의 자기지시적 조직에 거슬러서 실패한다고 하였다. 여기서 부분과 전체는 완전하게 상호의존적이다. 즉 하나의 창발 전체는 그 자체의 부분들의 하나의 지속적인 상호작용에 의해서 생산되지만, 이 부분들은 그 전체와 무관하게 설명될 수 있는 것이 아니다.

이제 목적론이라는 논제로 돌아가도 될 것이다. 바렐라는 1990년대 초반까지 발표한 논문들에서 오토포이에시스는 목적론적인 어떤 것을 포함한다는 견해를 반박하였다(Varela, 1991, 1997b를 보라). 그러나 그의 마지막 에세이 중 하나에서 그는 마음을 바꿨다. 안드레아스 웨버와 함께 쓴 이 에세이(Weber and Varela, 2002)에서 오토포이에시스와 목적론의 문제 그리고 칸트의 『판단력비판』에서 논의된 유기체에 관심을 갖는다. 여기서 바렐라는 목적론은 오토포이에시스로부터 발생하며 그것은 유기체의 의미 만들기 외에 다른 것이 아니라고 주장한다. 그러나 이상하게도 그는 그의 초기 견해에서 후기의 견해로 바뀐 점에 대해서 논의는 고사하고 언급하지도 않을 뿐 아니라 또 그렇게 바뀐 이유도 밝히지 않는다. 나아가 그는 기계로서의 생명life-as-machine이라는 개념 — 칸트의 주안점 중의 하나가 유기체들은 자기조직에 의하여 자연적으로 형성된 목적들이며 근본적으로 기계와는 구별되어야 한다는 점을 생각하면 그것은 놀라운 이탈이다 — 을 일찍이 수용한 것에 대해서 전혀 언급하지 않았다.

바렐라의 견해의 변화는 그가 생애 마지막 단계에 현상학에 몰입하였음을 보여준다. 심지어 목적론을 거부하는 그의 후기 논문들은 이 신경현상학적 단계 이전에 작성된 것들이다.[12] 그의 견해의 변화는 칸트에게 영향을 받은 생물학적 사고의 전통을 그가 깊이 연구하였음을 반영한다. 『오토포이에시스와 인지』*Autopoiesis and Cognition*에서 마뚜라나와 바렐라가 비판했던 목적론의 유형은 목적론적 법칙teleonomy 혹은 신다윈주의의 기능주의적 설명이었다. 그러나 바렐라

---

12. 바렐라(Varela, 1991)와 바렐라(Varela, 1997b). 두 번째 논문은 1992년에 한 회의를 위해서 작성되었다.

가 나중에 검토한 그 목적론의 유형은 유기체는 자기조직하는 존재이기 때문에 "자연적 목적"이라는 칸트의 관념이다(Kant, 1951, §64~65). 오토포이에시스는 살아가는 존재를 목적론적이라고 보는 칸트식 사고를 뿌리내리고 재구성하고 발전시키는 자연주의적 방식, 칸트는 불가능하다고 생각했던 방식을 제공한다고 바렐라는 생각하게 이르렀다.[13]

---

13. 최근 나는 1999년 6월에 목적론의 이 문제에 관해 바렐라와 주고받은 이메일을 다시 발견하였다. 그것은 내가 그에게 그의 현상학에 관한 언급이 그가 이전에 마뚜라나와 함께 목적론에 관해서 취했던 입장과 일치하지 않는다는 점을 지적하였기 때문에 시작된 것이다. 우리는 각자 독자적으로 칸트와 요나스를 읽고 있었는데, 나는 그에게 다음과 같이 물었다. 만약 사람은 무엇인가를 합목적적인 것으로 인식하지 않는다면 그것을 살아있는 존재로 인식하지 못한다, 만약 사람이 자신만의 경우에서 합목적성을 경험하는 하나의 체화된 대행자가 아니라면 무엇인가를 목적이 있는 것으로 인식하지 못한다고 하는 요나스의 주장에 근거하여 그가 일찍이 취했던 반목적론적 자세를 여전히 유지할 것인가. 바렐라는 이러한 목적론에 대한 호소 그리고 이 때문에 현상학과 생물학을 연결하는 방법에 관하여 "여전히 매우 의문스럽다"고 대답했다. 그리고 그는 목적론으로부터 자체생산적 단위에 적합한 의미 생산의 능력으로 이해되는 원래의 지향성(intentionality)으로 "그 강조점을 이동하는 것"이 낫다고 생각한다고 대답하였다. 그는 이러한 이동을 "'산티아고 학단'이 생명과 인지의 동일성을 소개하려는 움직임"을 다듬는 것으로 보았다. 그는 말하기를, 세포 차원의 인지를 동물적 인지와 똑같다고 하는 것은 "어리석지만", 그러나 그들의 "공통적인 뿌리"는 이 기본적인 자체생산하는 생명에 적합한 의미 생산의 능력인 것이다. 의미 생산에 호소하는 것은 "잘 파악되지 않는 목적의 원리"에 호소하는 것보다 더욱 "구성적"이라고 그는 생각했다. 의미 생산은 의도성에 대해서 강한 연관을 주지만, "이것이 목적론 안으로 들어오는가 여부는 별개의 문제"라고 그는 말했다. 그러나 이러한 사고의 흐름은 나에게는 매우 불만족스러웠는데, 그것은 "원래적인 지향성"과 "의미 생산"은 그 자체로 논란이 있는 목적론적 개념들이었기 때문이다. 이 문제는 정확하게는 이 목적론을 분석하는 방법의 문제인 것이다. 그러므로 비록 "삶은 의미의 생산"이라는 명제가 생명과 인지를 동일시하는 사고를 정교화한 중요한 명제일지는 몰라도, 칸트와 요나스의 목적론 개념과 관련하여 반목적론적 자세를 설정하기에는 충분하지 못한 것이다. 6개월 뒤인 1999년 12월, 이 문제에 대해서 그를 압박하는 나의 다른 이메일에 대한 답변에서 바렐라는 시간이 흘러가듯이 그는 "좀 더 넓은 시각"을 갖게 되었고, 그리하여 "하나의 재미있는 방식으로 당신은 완전하게 성숙한 목적론을 회복하였고 …… 그러나 이 목적론은 …… 실질적으로 생명에 고유한 것이며", 칸트적인 의미에서 "어떤 특별한 선험적인 근원을 요청하지 않는

바렐라는 결코 목적론에 관한 그의 초기 언술과 후기 언술을 조화시키려고 하지 않았다. 그러나 내가 생각하기에 그들의 조화는 다음과 같은 방식으로 꾀할 수 있을 듯 하다. 그와 마뚜라나가 『오토포이에시스와 인지』에서 강조했던 주요 사항은 목적론은 **오토포이에시스적 조직**에는 속하지 않는다는 것이다. 이 점은 여전히 유효하다. 즉 분자적 영역에서 하나의 오토포이에시스 중인 조직을 위한 조건들을 계획함에 있어서 "종말", "목적", "목표" 또는 "기능" 등과 같은 개념들에 관한 어떠한 지시도 이루어지지 않았기 때문이다. 다른 한편으로는 후기의 개정된 견해들의 주요 사항은 목적론은 의미 만들기일 뿐이라는 것이다. 의미 만들기는 오토포이에시스적 **조직**의 특징이 아니라 오히려 구체적인 오토포이에시스 체계와 환경의 **결합**인 것이다. 달리 말하면, 목적론은 어떤 조직의 고유한 속성이 아니고, 오히려 구체적인 오토포이에시스적 체계 속에서 그 환경과의 상호작용을 통해서 어떤 창발적 관계를 지니는 것이라는 점이다.

이제 이러한 성찰들이 인도하는 곳이 어딘가 살펴보기로 하자. 만약 생명이 있는 존재들이 연산적 기계장치로 환원되지 않는다고 한다면, 그리고 목적론은 창발적인 관계적 속성이지 하나의 고유한 조직적 속성은 아니라고 한다면, 우리는 고전적 기계론과 목적론의

다"고 보게 되었다고 암시하였다. 달리 말하면, 자체 조직적인 자연적 목적성이라는 의미에서 목적론은 칸트가 주장했듯이 단지 하나의 판단의 형식이라기보다는 그 자체의 자율성과 의미 생산에 기초한 그 유기체의 경험적 특징으로 간주될 수 있는 것이다. 그것은 분명히 웨버와 바렐라(Weber and Varela, 2002)가 발표했었고, 그들이 내재적 목적론(intrinsic teleolgy)이라고 불렀던 것이 바로 이 개념인 것이다.

반대를 넘어서 새로운 종류의 생물학적 자연주의의 전망과 대면하게 되는 것이다. 바렐라는 그러한 자연주의는 현상학에 연결되는 튼튼한 다리들을 제공하게 될 수 있지만 또 현상학은 그것의 공식화에 공헌할 수 있을 것이라는 점을 꿰뚫어보았던 것이다. 그러므로 바렐라에게 자연주의화된 현상학은 항상 똑같이 자연을 현상학적으로 재개념화하는 것을 함축한다.

이 말을 준비하면서 우연히 생각난 것이 있다. 즉 바렐라가 비록 의식적으로 분명히 언급한 것은 아닐지라도 목적론에 관한 그의 견해를 수정하게 된 하나의 이유는 그 자신의 만성적이고 치료불가능한 병을 앓고 있는 자신의 말년의 생애에 몰입한 데 있었을 것이다. 바렐라는 격렬하면서도 단일한 방식으로 직접적으로 생명의 의미 만들기를 경험하였다. 그는 그 자신의 살아가는 존재라는 경험을 통해서 그것을 깨달았던 것이다. 그 경험이란 항바이러스 요법의 변경, 간이식과 그에 의한 생명의 제공,[14] 화학요법, 투병의 피로, 그리고 삶과 죽음에 관한 그의 과학적 견지 및 현상학적 견지에서의 호기심 등인 것이다. 프로이드의 관용어를 사용하여서, 바렐라는 이 호기심을 그의 "인식론적 밝힘증"epistemo-philia이라고 불렀다. 한 가지 덧붙이자면, 그의 인식론적 밝힘증은 그 자체의 불교적 정신의 현전, 수학적 통찰, 현상학적 지각, 그리고 예외적인 생물학자의 "유기체를 위한 느낌"[15]을 체현한 가운데 이루어진 것이어서 독특하다는 점이다. 바렐라가 목적론의 문제를 다시 다룬 것은 **심신**

---

14. 바렐라(Varela, 2001)를 보라.
15. 이 구절은 켈러(Keller1, 984)로부터 빌린 것이다.

문제는 살아있는 경험lived experience**의 으뜸가는 문제**라는 그의 깊은 통찰을 보여준다. 그와 웨버는 생명과 목적론에 관하여 마지막 논문을 쓰면서 칸트와 요나스를 언급하고 있다.

> 목적론이 하나의 지적인 원리라기보다는 하나의 실제적인 원리가 되는 것 …… 과학자이기 이전에 우리는 먼저 살아가는 존재들이고, 그리고 그 자체로 우리 자신에게 고유한 목적론의 증거를 가지는 것 ― 은 바로 우리 자신의 목적론에 대한 경험 때문이다. 그 목적론적 경험이란 주체로서 더 오래 존재하려는 소망이지 대상들에 설정된 목표로 우리를 귀속시키는 것은 아니다. 그리고 다른 창조물들이 자신의 존재를 지속시키기 위해서 애쓰는 것을 관찰하면서 ― 균을 퇴치하는 화학적 약제로부터 멀리 도망가기 위하여 열심히 헤엄치는 단순한 박테리아로부터 시작해서 ― 우리는 우리 자신의 증거에 의해서 목적론을 삶의 영역의 지배력으로서 이해할 수 있다. 삶에 관한 이론들은 삶 자체의 연약하면서도 염려하는 전망에 기초해서 고안될 수 있는 것이다. 그리고 요나스를 인용하면서 "…… 생명은 오직 생명에 의해서 알 수 있기 때문이다"(Weber and Varela 2002 p. 110).

생명은 오직 생명에 의해서 알 수 있다.

이 연설을 마치기 위해서 생명은 오직 생명에 의해 알 수 있다는 명제에 관하여 말하고자 한다. 이 주장은 일종의 칸트와 후설식 의미의 선험론적 주장이다. 즉 우리가 실제로 생물학적 지식을 지닌다고 할 때에 그것은 생명을 알 수 있는 가능성을 위한 조건들을 담고 있다. 이러한 의문을 생각해보자. 우리가 맨 먼저 오토포이에 시스의 형태 혹은 역동적인 유형을 인식하거나 이해할 수 있다는 것은 어떻게 가능한가? 이 유형은 (주체와는 무관하게) 어떤 이상적 인 객관적 지점으로부터 인식될 수 있는 것인가? 아니면 차라리 이 유형이 우리가 우선적으로 알고 있는 우리의 신체적 자아의 형태를 닮는다는 이유만으로 우리는 이 유형을 알 수 있다고 해야 하는가? 간단하게 현상학자의 답을 제시하도록 한다. (1) 어떠한 관찰가능한 현상들에 관한 적절한 설명은 **유기체**(하나의 자기-조직하는 전체라 는 원래의 칸트식 의미에서의)와 **오토포이에시스**의 개념을 요구한다. (2) 이러한 개념들의 의미의 근원은 **생명활동을 해온 몸**lived body―우 리 자신의 생명 있는 신체적 존재가 당사자적으로 살아오면서 획득 한 경험인 것이다. (3) 그들이 묘사하는 이러한 개념들과 생물학적 설명들은 아무리 원리적 차원에서일지라도 관찰자 독립적 observer-independent, 비연동지수적nonindexical, 객관적, 물리기능적 묘 사(물리학자들의 과학에 대한 신화에 상응하는)로부터 유도할 수 있는 것은 아니다. 요나스가 말했듯이, 라플라스의 신성한 수학자 의 경우처럼 체화되지 않은 순수하게 지적인 마음이 사물의 극소물 리적微小物理的, microphysico 상태에 관한 완벽한 지식을 가졌다는 것만 으로 유기체의 형태를 완전하게 이해할 수 있는 것은 결코 아니다. 물질로부터 생명과 마음으로, 그리고 물리학으로부터 생물학으로 연결시키기 위해서, 필요한 것은 유기체와 오토포이에시스와 같은 개념들이다. 그러나 그러한 개념들은 그 자신의 살아있는 신체의 직접적인 경험으로 체화된 마음에게만 유효한 것이다. 메를로-퐁티의 말로 표현하면, "나는 직접 그 역할을 맡아보는 것 그리고 오직 내가 세계를 향해 일어서는 신체인 경우를 빼놓고는 살아있는 신체의 기능을 이해할 수 없다."[16]

바렐라는 신경현상학의 "기초적인 터전"은 "의식 경험의 환원될 수 없는 본성"이라고 말했다. "살아있는 경험"lived experience은 "마치 길안내 선guiding thread처럼 우리가 처음 시작하는 곳이자 우리 모두 다시 돌아오도록 연결해야만 하는 곳"이라고 그는 서술했다(Varela 1996, p. 334). 이것이 의미하는 바를 정확하게 이해해보자. 경험은 환원될 수 없다는 것은 그것이 형이상학적으로 독특한 "속성들", 즉 그것은 현행의 속성 이원론적 양식의 뒤로 우주의 어떤 구체화되고 물리적인 모델로 압축될 수 없는 속성을 지닌다는 것이 그 이유는 아니다. 경험이 환원불가능한 것은 그것의 제거불가능한 선험론적 성격 때문인 것이다. 즉 살아있는 경험은 항상 이미 어떠한 상태 모델 또는 이론에 의하여 전제되어 있으며, 그리고 생명 있는 몸은 살아있는 경험의 선험적 불변식인 것이다. 경험은 넘어설 수 없는 것 die Unhintergehbarkeit, the 'ungobehindable'이다. 여기에는 이원론도 없고 관념론도 없다. 선험론적 신체란 바로 경험적으로 살아가는 몸인 것이다. 그것은 단순히 신체는 어떠한 방식에서 기억된다는 것일 뿐이다. 즉 마치 길잡이 발판처럼 우리가 시작하는 곳이자 우리가 되돌아와야 하는 곳이 신체인 것이다.

---

16. 불어 : Merleau-Ponty(1945, p. 90). 영어 : Merleau-Ponty(1962, p. 75).

나는 이 연설을 나의 사담으로 시작했고 그리고 똑같은 방식으로 끝마치고자 한다. 내가 바렐라와 처음으로 대화를 나눈 것은 1977년 "마음과 자연" 회의에 가기 위하여 뉴욕시에서 사우스 앰톤까지 아버지와 함께 차를 타고 가면서였다. 그 때는 오직 젊은이의 마음으로만 할 수 있는 방식으로 탐욕스럽게 읽어나갔던 보르헤스의 작품들을 알게 되기 얼마 전이었다. 어쩐 일인지 프란시스코와 나는 문학에 관한 대화에 빠져들었고, 나는 보르헤스에 관한 나의 열정을 밝혔다. 바렐라는 네루다를 선호하였다. 약 1년 뒤에 바렐라는 내게 "에반 톰슨에게, 사랑과 우정을 보내면서 프란시스코, 1978년 9월"이라는 헌사와 함께 네루다의 『회상록』*Memoirs* 영어 번역본 한 부를 주었다. 나는 여전히 그것을 간직하고 있다. 이 책의 첫 장에서 네루다는 다음과 같이 썼다. "나는 내 자신만의 삶을 산 것이 아니라 아마도 다른 사람들의 삶을 살았던 것 같다 …… 나의 삶은 그 모든 삶들로 이루어진 삶, 바로 시인의 삶인 것이다." 이 말들은 바렐라의 사상과 생명이 매우 많은 방향으로 반응을 얻고 있음을 느끼게 한다. 내 자신에 관해서 말하자면, 오늘 내가 드린 말씀은 내 자신의 삶에 바렐라의 삶이 관여되어 있다는 점에 대한 나의 깊은 감사를 표현한 것이다.

■참고문헌

Barbaras, R, "The movement of the living as the originary foundation of perceptual intentionality". In Petitot, Varela, Pachoud, and Roy (eds), *Naturalizing Phenomenology Issues in Contemporary Phenomenology and Cognitive Science* (Stanford, CA : Stanford University Press, 1999), pp. 525-38.

Bitbol, M. and Luisi, P. L., "Autopoiesis with or without cognition : Defining life at its edge", *J. R. Soc. Interface* 1 (2004), pp. 99-107.

Boden, M., "Autopoiesis and life", *Cognitive Science Quarterly* 1, pp. 117-45.

Bourgine, P. and Stewart, J. in press, "Autopoiesis and cognition", *Artificial Life.*

Chalmers, D. J., *The Conscious Mind : In Search of a Fundamental Theory* (New York : Oxford University Press, 1996).

Chalmers, D. J., "Moving forward on the problem of consciousness", *Journal of Consciousness Studies* 4, 1997) pp. 3-46.

Damasio, A. R., *The Feeling of What Happens : Body and Emotion in the Making of Consciousness* (New York : Harcourt Brace, 1999).

Damasio, A., *Looking for Spinoza : Joy, Sorrow, and the Feeling Brain* (New York : Harcourt, 2003).

Dennett, D. C., *Consciousness Explained* (Boston : Little Brown, 1991).

Godfrey-Smith, P., " Spencer and Dewey on life and mind", In M. Boden(ed), *The Philosophy of Artificial Life* (Oxford : Oxford University Press, 1996) pp. 314-31.

Held, K., "Husserl's phenomenological method", (translated by L. Rodemeyr). In D.Welton (ed), *The New Husserl : A .Critical Reader* (Bloomington and Indianapolis : Indiana University Press, 2003), pp. 3-31.

Hurley, S. L., *Consciousness in Action* (Cambridge, MA : Harvard University Press, 1998).

James, W., *The Principles of Psychology* (Cambridge, MA : Harvard University Press, 1981).

Jonas, H., *The Phenomenon of Life : Toward a Philosophical Biology* (Chicago : University of Chicago Press, 1966).

Jonas, H., "Biological foundations of individuality", *International Philosophical Quarterly* 8 (1968), pp. 231-51.

Jonas, H., *Mortality and Morality : A Search for the Good After Auschwitz* (Evanston, IL : Northwestern University Press, 1996).

Kant, I., *Critique of Judgement* (translated by J. H. Bernard) (New York : Hafner Press, 1951).

Keller, E. F., *A Feeling for the Organism : The Life and Work of Barbara McClintock* (New York : W.H. Freeman, 1984).

Kim, J., *Mind in a Physical World. An Essay on the Mind-Body Problem and Mental Causation* (Cambridge, MA : The MIT Press/A Bradford Book, 1998).

Letelier, J. C., Marín, G. and Mpodozis, J., "Autopoietic and (M,R) systems", *Journal of Theoretical Biology* 222 (2003), pp. 261-72.

Llinás, R., *I of the Vortex : From Neurons to Self* (Cambridge, MA : MIT Press, 2001).

Lutz, A., Lachaux, J.-P., Martinerie, J. and Varela, F. J., "Guiding the study of brain dynamics by using first-person data : Synchrony patterns correlate with ongoing conscious states during a simple visual task", *Proceedings of the National Academy of Sciences* USA 99 (2002), pp. 1586-1591.

Margulis, L., "The conscious cell", In P. C. Mariʹuan (ed), *Cajal and Consciousness : Scientific Approaches to Consciousness on the Centennial of Ramon y Cajal' Textura. Annals of the New York Academy of Sciences*, Vol. 929, (New York : New York Academy of Sciences, 2001), pp. 55-70.

Maturana, H. R., "Biology of cognition", In *Maturana and Varela 1980*, (1970).

Maturana, H. R. and Varela, F. J., "Autopoietic systems : A characterization of the living organization", *Biological Computer Lab Report 9.4* (University of Illinois, Urbana, 1975) Reprinted in *Maturana and Varela, 1980*.

Maturana, H. R. and Varela, F. J., *Autopoiesis and Cognition : The Realization of the Living. Boston Studies in the Philosophy of Science*, Vol. 42 (Dordrecht : D. Reidel, 1980).

Merleau-Ponty, M., *Phénoménologie de la perception* (Paris : Gallimard, 1945).

Merleau-Ponty, M., *Phenomenology of Perception* (translated by Colin Smith) (London : Routledge Press, 1962).

Metzinger, T., "Being No One", *The Self-Model Theory of Subjectivity* (Cambridge, MA : MIT Press, 2003).

Nagel, T., "What is it like to be a bat?" Reprinted in T. Nagel, *Mortal Questions* (New York : Cambridge University Press, 1979), pp. 165-80.

Panksepp, J., "The periconscious substrates of consciousness : Affective states and the evolutionary origins of self", *Journal of Consciousness Studies* 5 (1998), pp. 566-82.

Patocka, J., *Body, Community, Language, World* (translated by E. Kohʹak) (Chicago and La Salle : Open Court, 1998).

Rosen, R., *Life Itself. A Comprehensive Inquiry into the Nature, Origin, and Fabrication of Life* (New York : Columbia University Press, 1991).

Rosen, R., *Essays on Life Itself* (New York : Columbia University Press, 2000).

Roy, J.-M., Petitot, J., Pachoud, B. and Varela, F. J., "Beyond the gap : An introduction to naturalizing phenomenology", In J. Peitot, F. J. Varela, B. Pachoud, and J.-M. Roy (eds), *Naturalizing Phenomenology : Issues in Contemporary Phenomenology and Cognitive Science* (Stanford, CA: Stanford University Press, 1999), pp. 1-80.

Sheets-Johnstone, M., *The Primacy of Movement* (Amsterdam and Philadelphia, PA : John Benjamins Press, 1999).

Stewart, J., "Life=cognition : The epistemological and ontological significance of artificial life", In P. Bourgine and F. J. Varela (eds), *Toward a Practice of Autonomous Systems. Proceedings of the First European Conference on Artificial Life* (Cambridge, MA : MIT Press, 1992). pp. 475-83.

Stewart, J., "Cognition = life. Implications for higher-level cognition", *Behavioural Processes* 35 (1996), pp. 311-26.

Thompson, E. forthcoming. *Radical Embodiment : The Lived Body in Biology, Human Experience, and the Sciences of Mind* (Harvard University Press).

Thompson, E. and Varela, F. J., "Radical embodiment : Neural dynamics and consciousness", *Trends in Cognitive Sciences* 5 (2001), pp. 418-25.

Varela, F. J., "A calculus for self-reference", *International Journal of General Systems* 2 (1975), pp. 5-24.

Varela, F. J., "On observing natural systems (interview by Donna Johnson)", *CoEvolution Quarterly*, 11(Summer 1976), pp. 26-31.

Varela, F. J., "Not one, not two", *Coevolution Quarterly*, 12(Fall 1976), pp. 62-7.

Varela, F. J., *Principles of Biological Autonomy* (New York : Elsevier North Holland, 1979).

Varela, F. J., "Organism : A meshwork of selfless selves", In A. Tauber (ed), *Organism and the Origin of Self* (Dordrecht : Kluwer Academic Publishers, 1991), pp. 79-107.

Varela, F. J., " Neurophenomenology : A methodological remedy for the hard problem", *Journal of Consciousness Studies* 3 (1991), pp. 330-50.

Varela, F. J., "The naturalization of phenomenology as the transcendence of nature : Searching for generative mutual constraints", *Alter* 5 (1997a), pp. 355-81.

Varela, F. J., "Patterns of life : Intertwining identity and cognition", *Brain and*

Cognition (1997b).

Varela, F. J., "Intimate distances : Fragments for a phenomenology of organ transplantation", In: E. Thompson (ed), *Between Ourselves : Second-Person Issues in the Study of Consciousness* (Thorverton, UK : Imprint Academic, 2001), pp. 259-71. Also in *Journal of Consciousness Studies* 8, pp. 259-71.

Varela, F. J. and Depraz,N., "At the source of time : Valence and the constitutional dynamics of affect", *Arob@se. Journal de lettre et de sciences humain* 4(1-2), http://www.arobase.to (2001). Also published in S. Gallagher and S. Watson (eds), *Ipseity and Alterity : Interdisciplinary Approaches to Intersubjectivity* (Rouen : Presses Universitaires de Rouen, in press).

Varela, F. J. Maturana., H. R., and Uribe, R., "Autopoiesis : The organization of living systems, its characterization and a model", *Biosystems* 5 (1974), pp. 187-96.

Varela, F. J., Thompson, E., and Rosch, E., *The Embodied Mind : Cognitive Science and Human Experience* (Cambridge, MA : The MIT Press, 1991).

Weber, A. and Varela, F. J., "Life after Kant : Natural purposes and the autopoietic foundations of individuality", *Phenomenology and the Cognitive Sciences* 2 (2002), pp. 97-125.

Wheeler, M., "Cognition's coming home : The reunion of life and mind", In: P. Husbands and I. Harvey (eds), *Proceedings of the 4th European Conference on Artificial Life* (Cambridge, MA : The MIT Press, 1997), pp. 10-19.

Zahavi, D. *Self-Awareness and Alterity. A Phenomenological Investigation* (Evanston, IL : Northwestern University Press, 1999), pp. 72-7.

프란시스코 바렐라(1946~2001)의 부고 [1]

2001년 5월 28일 파리의 자택에서 영면한 프란시스코 바렐라의 죽음을 알리는 일은 큰 슬픔입니다. 그의 죽음으로 의식의 과학은 가장 영민하고, 독창적이며, 창의적이고, 인정 많은 사상가를 잃었습니다.

프란시스코 바렐라는 1946년 9월 7일 칠레에서 태어났습니다. 그는 아동기와 10대에 산티아고에 있는 독일 학교에서 일생동안 깊이 있는 문학, 예술, 철학과 과학에 대한 이해를 심어준 탄탄한 고전교육을 받았습니다. 그리고 그는 1967년 산티아고의 칠레대학에

---

1. Evan Thompson, "Francisco J. Varela (1946~2001) — Tribute by Evan Thompson", http://psyche.cs.monash.edu.au/v7/psyche-7-12-thompson.html.

서 생물학 석사를 받았습니다. 그는 칠레대학에서 (개구리 시각계의 신경생리학에 관한 제롬 레트빈과의 고전적 연구 그리고 오토포이에시스에 관한 바렐라와의 후속연구로 유명한) 신경생물학자 움베르또 마뚜라나와 같이 연구하였습니다. 프란시스코가 즐겨하는 이야기에 따르면, 젊은 대학시절 어느 날 그는 마뚜라나의 사무실을 열어젖히고 들어가서는 "이 세상에서 마음의 역할을 연구하고 싶습니다"라고 열정적으로 선언하였고, 마뚜라나는 "우리 학생, 제대로 찾아왔군"이라고 대답하였다고 합니다.

1968년부터 1970년까지 프란시스코는 하바드 대학의 대학원에서 생물학을 공부함으로서 그의 스승인 마뚜라나의 족적을 따라 갔습니다. 그는 위젤(1981년 후벨과 같이 노벨상을 수상한)의 지도아래 박사학위 논문, 「곤충의 망막들 : 겹눈에서의 정보처리」를 썼습니다.

23살의 젊은 나이에 박사학위를 마친 프란시스코는 하바드 대학에서의 연구원 자리와 또 다른 미국 대학에서 조교수 자리를 거절하고, 그 대신 과학 연구 모임을 구성하기 위하여 칠레로 돌아가기로 하였습니다. 프란시스코는 1970년부터 1973년까지 칠레대학에서 마뚜라나와 동료로써 함께 유명한 오토포이에시스 이론을 만들었습니다(Maturana & Varela, 1973; 1980; 이 시기와 작업에 대한 자세한 애기를 위해서는 Varela, 1996a 를 보라).

이 이론에 따르면, 살아있는 시스템들은 (내부적으로 조정되고 조직화되는) 자율적 시스템들이고, 생물학적인 생명을 조건짓는 데에 필요하고도 충분한 자율성의 최소한의 형태가 오토포이에시스 (동작적으로 닫혀있고operationally closed, 세포막에 제한되어 있고 membrane-bounded, 반응망reaction network의 형태를 가진 자기생산)라는 것입니다. 또한 마뚜라나와 바렐라는 오토포이에시스가 최소한의 생물학적 형태인 인지를 생명의 '의미 만들기' 능력으로 정의하는 것이고, 구성 뉴론들의 오토포이에시스의 결과로서의 신경시스템은 입-출력 정보처리 시스템이라기보다는 자율적이고 기본적인 기능 요소들의 뉴론 앙상블에서 일정한 활동 패턴들의 폐쇄적인 작동의 네트워크라고 주장하였습니다(Varela, 1979를 보라). 70년대 초까지 거슬러 올라가는 이러한 생각은 90년대 과학계에 현저해질 생명의 기원, 최소 생명 시스템의 화학적 조합(Bachman 등, 1992), 인공생명(Varela & Bourgine, 1991), 이론 면역학(Varela & Coutinho, 1991), 역동 신경과학(Varela 등, 2001), 체화된 인지(Varela 등, 1991)와 같은 다양한 사상들을 예견하였고 그에 대한 기반작업이 되었습니다.

프란시스코는 살바도르 아옌데Salvador Allende(자유선거로 최초로 선출된 마르크스주의 정치가)가 선출되기 이틀 전인 1970년 9월 2일에 칠레로 돌아왔습니다. 이후 3년 동안 칠레는 소요 속에 있었고, 아옌데 정부의 강력한 지지자였던 프란시스코는 1973년 9월 11일 아옌데 정부를 쓰러트린 피노체트 장군의 군사 쿠데타 이후 가족과 함께 칠레를 떠날 수밖에 없었습니다. 프란시스코와 가족은 먼저 코스타리카로 갔다가, 결국 미국으로 가서 덴버의 콜로라도 의과대학에서 조교수로 재직하게 되었습니다. 그는 1978년까지 그곳에서 가르치고 연구를 수행하였습니다. 1978년과 79년에 걸쳐 뉴욕대학의 의과대학에 있는 뇌연구실과 〈린디스판 협회〉Lindisfarne Association에서 거주 학자로 1년을 보냈고, 1980년에 칠레로 돌아가 1985년까지 머물렀습니다(1984년에 프랑크푸르트의 〈막스프랑크 뇌연구 연구소〉에서 방문 원로 연구자로 1년을 보내기도 하였습니다). 1986년 그는 파리로 이사해서 신경과학 연구소와 CREA(응용 인식 연구센터)에 머물렀습니다. 1988년에 그는 CNRS(국립 과학 연구 센터)의 연구 감독으로 임명되었고, 세상을 떠나기 전까지 그 직을 수행하였습니다.

사망하기 직전 달까지 파리에서 프란시스코가 보낸 시간은 어떠한 식으로 보든 대단히 충만하고 생산적이었습니다. 1990년대 초부터 C형 간염을 앓았고 1998년 간이식 수술을 받았다는 사실에 비추어보면 그 시기 그의 삶과 작업이 얼마나 놀랍고 영감에 찬 것인지 보여줍니다.

이 시기 동안 프란시스코는 인지 과정 중에서 다중 전극 기록과 대규모 뉴런 통합의 수학적 분석을 이용한 실험 연구와 인간 의식의 '신경현상학'의 실증적 연구(Varela, 1996b를 보라)의 두 가지 중요한 보완적인 작업을 추구하였습니다.

파리에서 프란시스코와 동료들은 의미 있는 복잡한 형태들(고대비 얼굴 또는 '무니Mooney 얼굴')의 인간 지각이 서로 다른 뇌영역(Rodriguez, 등, 1988)에서 위상-고정되고phase-locked 동기적 진동현상과 함께 일어난다는 것을 처음으로 보여주는 연구를 1998년『네이쳐』*Nature*지에 발표하였습니다. 그가 죽기 한 달 전에는『네이쳐리뷰즈 뉴로사이언스』*Nature Reviews Neuroscience* 2001년 4월호의 발표된 중요한 논문 서평에서 프란시스코와 동료들은 '두뇌웹'brainweb이라고 부르는 새로운 관점을 제시하였습니다. 즉, 통합적인 인지 순간의 창발은 대규모 두뇌 통합에 기반을 두고 있으며, 그것을 가능하게 하는 메커니즘은 다중 주파수 대역과의 동기synchrony에 의하여 조정되는 역동적인 연결에 의한 것입니다(Varela, 등, 2001). 이 연구에 덧붙여 프란시스코는 간질환자 증상의 발병 전 발작 예측에 관한 개척적인 연구를 포함하여 두뇌 활동의 비선형 역동적 분석에 관한 다수의 기술적, 실험적, 수학적 논문을 발표하였습니다(Martinerie, 등, 1998; Schiff, 1988도 보라).

또한 프란시스코는 이러한 과학 연구가 당사자의 생생하게 살아있고 뚜렷한 인간 경험의 세부적인 현상학적인 조사에 의하여 보완할 필요가 있다고 강하게 믿고 있었습니다. 그는 이를 위하여 자신의 병에 대한 심오하고 감동적인 명상과 장기이식 경험의 현상학을 포함한(Varela, 2001) 인간 의식에 대한 독창적이고 혁신적인 다수의 현상학 연구를 발표하였습니다(예를 들면, Varela 1999; Varela and Depraz, 2000). 그는 두 가지의 중요한 논문집을 편집했는데, 하나는 현상학과 인지과학에 대한 것이고(Petitot 등, 1999), 다른 하나는 의식 과학에 있어서 1인칭 방법에 대한 것입니다(Varela and Shear, 1999).

70년대 중반부터 프란시스코는 티벳 불교 명상의 진지한 실천자였으며 불교 심리학과 불교 철학을 배우는 학생이었습니다. 이러한 불교 전통과 서구 인지과학이 서로 많은 것을 주고받을 수 있다는 확신은 그의 작업에 또 다른 영적이고 존재적인 차원을 제공하였습니다. 이러한 차원은 1991년에 출간된 (에반 톰슨과 엘리노 로쉬와 함께 쓴) 『체화된 마음』의 주제가 되었습니다. 그는 14대 달라이 라마 성하이신 텐진 가쵸Tenzin Gyatso와 서구 과학자들의 개인적인 모임을 주선하는 〈마음과 생명 재단〉의 자문 위원회의 핵심 위원이었습니다(Varela, 1997). 가장 최근에 열린 이 모임의 아홉 번째 행사는 '마음, 두뇌, 정서 : 명상에 대한 신경생물학적, 그리고 생물-행동 연구'에 대한 주제로 리처드 데이슨 교수의 주관 하에 2001년 5월 21일과 22일 메디슨의 위스콘신 대학에서 개최되었습니다. 이 행사는 프란시스코의 꿈이 실현되는 것이었습니다. 그것은 서구 두뇌 과학과 불교 명상 실천과 심리학의 최고 전문가들이 오랜 경험을 가진 수행자의 명상이 가지는 명백히 인지적이고 정서적인 효과에 관해서 인지 두뇌 과학의 맥락에서 함께 연구할 수 있었기 때문입니다. 프란시스코는 5월 22일 오전 회의에서 뇌파검사EEG, ElectroEncephaloGram와 뇌자검사MEG, MagnetoEncephaloGram를 이용한 그의 연구와 발견의 결과를 발표할 예정이었으나, 슬프게도 병으로 인하여 그 자리에 참석하지는 못하였습니다. 그 대신 그의 박사과정 학생인 안토닌 루츠가 그 논문을 발표하였고, 프란시스코는 파리의 아파트에서 생중계 웹캠을 통하여 그 학술대회를 볼 수 있었습니다.

프란시스코는 의식 연구에 매진하는 많은 학제간 연구그룹의 활동적이고도 열렬한 후원자였습니다. 70년대와 80년대에 그는 콜로라도 주Colorado 보울더Boulder의 〈나로파 연구소〉Naropa Institute의 교수로 재직했으며, 뉴욕 시 〈린디스판 협회〉의 특별 연구원이였습니다. 그는 〈의식의 과학적 연구협회〉ASSC, Association for the Scientific Study of Consciousness의 창립 회원이였고, 죽기 얼마 직전까지 〈의식의 과학적 연구협회〉의 2002년 학술대회 모임의 주최를 적극적으로 고려하였습니다. 그는 턱선Tucson에 있는 아리조나 대학의 〈의식 연구 센터〉Center for Consciousness Studies의 강력한 후원자였고, 『의식 연구 저널』Journal of Consciousness Studies의 편집위원으로 일하였습니다. 또한 『현상학과 인지과학』Phenomenology and Cognitive Sciences이라는 새로운 잡지의 창간을 도와주었고 그 잡지의 컨설팅 편집자Consulting editor로 활동할 예정이었습니다.

그의 풍부하고 다양한 연구 프로그램이 그러한 성과를 이루려는 특별한 이때 프란시스코의 죽음은 지극한 손실이지만, 그의 뛰어나고 모범적인 연구 정신은 어느 때보다 강하고 앞으로도 계속 오랜 시간 동안 우리에게 영감을 줄 것입니다.

프란시스코는 사랑하는 가족의 품속에서 2001년 5월 28일 오전 5시에 평화롭게 영면하였습니다. 나는 그전 며칠 동안 그를 방문하였고, 그의 평온, 친절, 지성에 깊이 감동하였습니다. 그의 유족으로는 그의 부인인 에이미 코헨 바렐라와 그의 아들 가브리엘, 그리고 그의 전부인인 레오노르와 그 딸들인 알레한드라와 레오노르, 그리고 아들 자비에가 있습니다. 그가 많이 그리울 것입니다.

■ 참고문헌

Bachman, P. A., Luisi, P. L., & Lang, J., "Autocatalytic self-replicating micelles as models for prebiotic structures", *Nature* 357 (1992), pp. 57-59.

Fleischaker, G. L., "Origins of life : an operational definition", *Origins of Life and Evolution of the Biosphere*, 20 (1990), pp. 127-137.

Martinerie, J., Adam, C., Le Van Quyen, M., Baulac, M., Clemenceau, S., Renault, B., & Varela, F. J., "Epileptic seizures can be anticipated by non-linear analysis", *Nature Medicine*, 4(10) (1998), pp. 1173-1176.

Maturana, H. R. & Varela, F. J., *De máquinas y seres vivos : Una teoriá de la organizacíon biológica* (Santiago : Editorial Univeristaria, 1973).

Maturana, H. R. & Varela, F. J., "Autopoiesis and Cognition : The Realization of the Living", *Boston Studies in the Philosophy of Science* vol. 42 (Dordrecht : D. Reidel, 1980).

Petitot, J., Varela, F. J., Pachoud, B. & Roy, J.-M. (Eds.), *Naturalizing Phenomenology : Issues in Contemporary Phenomenology and Cognitive Science* (Stanford, CA : Stanford University Press, ed.1990).

Rodriguez, E., George, N., Lachaux, J.-P., Martinerie, J., Renault, B., & Varela, F. J., "Perception's shadow : long-distance synchronization of human brain activity", *Nature* 397, (1998), pp. 430-433.

Schiff, S. J., "Forecasting brain storms", *Nature Medicine* 4(10) (1998), pp. 1117-1118.

Varela, F. J., *Principles of Biological Autonomy* (New York : Elsevier North Holland, 1979).

Varela, F. J., "The early days of autopoiesis : Heinz and Chile", *Systems Research* 13(3) (1996a), pp. 407-416.

Varela, F. J., "Neurophenomenology : a methodological remedy for the hard problem", *Journal of Consciousness Studies* 3 (1996b), pp. 330-350.

Varela, F. J., *Sleeping, Dreaming, and Dying : An Exploration of Consciousness with the Dalai Lama* (Boston : Wisdom Publications, ed. 1997).

Varela, F. J., "The specious present : a neurophenomenology of time consciousness", In J. Petitot, F. J. Varela, B. Pachoud, & J.-M. Roy (Eds.), *Naturalizing Phenomenology : Issues in Contemporary Phenomenology and Cognitive Science* (Stanford, CA : Stanford University Press, 1999), pp. 266-314.

Varela, F. J., "Intimate distances : fragments for a phenomenology of organ transplantation", in E. Thompson (Ed.), *Between Ourselves : Second Person Issues in the Study of Consciousness. Journal of Consciousness Studies* 8(5-7) (Published simultaneously as a book by Imprint Academic, 2001).

Varela, F. J. & Bourgine, P., *Toward a Practice of Autonomous Systems : Proceedings of the First European Conference on Artificial Life* (Cambridge, MA : The MIT Press, eds. 1991).

Varela, F. J. & Coutinho, A., "Second generation immune networks", *Immunology Today* 12, (1991), pp. 159-166.

Varela, F. J., Thompson, E., & Rosch, E., *The Embodied Mind : Cognitive Science and Human Experience* (Cambridge, MA : The MIT Press, 1991).

Varela, F. J. & Shear, J. "The View from Within : First-Person Approaches to the Study of Consciousness", *Journal of Consciousness Studies* 6(2-3) (1999). Published simultaneously as a book by Imprint Academic.

Varela, F. J. & Depraz, N., "At the source of time : valence and the constitutional dynamics of affect", Ar@base. Electronic journal : http://www.arobase.to/ (2000).

Varela, F. J., Lachaux, J.-P., Rodriguez, E., & Martinerie, J., "The brainweb : phase synchronization and large-scale integration", *Nature Reviews Neuroscience* 2 (2001), pp. 229-239.

:: 찾아보기

:: 용어풀이

이 용어풀이는 일반적으로 통용되는 용어풀이라기보다는 『윤리적 노하우』라는 책의 맥락에서 바렐라가 사용하는 의미에서의 용어풀이라는 점에 유의하시기 바랍니다.

가상적(무아적) 자아(virtual self) : 간단한 구성요소들의 활동으로부터 창발하는 정합적 전체패턴이 마치 중심부에 있는 것 같지만 어느 곳에서도 발견되지 않는다. 사람은 이러한 과정에서 자아가 있는 것처럼 느낀다.

계산주의(computationalism) : 인간의 마음을 정보를 처리하는 체계로서 계산 가능한 기호 처리체계로 간주하고 복잡하고 다양한 인지지적 행위가 구성단위들의 유한하고 결정적인 조합으로 설명가능하다고 본다. 기호조작주의 또는 고전주의라고도 한다.

구성(enaction) : enaction이나 enactive라는 용어는 바렐라가 '계산주의'와 '연결주의'에 대비하여 자신의 입장을 강조하는 중요한 개념이다. 우리나라에서는 '발제적' 또는 '제정적'이라고 번역되기도 하였다. 이 단어의 의미는 '개체가 스스로 자신의 규칙을 만든다'는 의미로, 또는 '행동에 의하여 만들어 진다'라는 의미 등 중의적으로 해석될 수 있는데, 두 개의 의미 모두 바렐라의 입장을 잘 대변하고 있다고 할 수 있다. 본 책에서는 바렐라를 포함한 더 많은 구성주의 연구자와 구성주의적 입장을 포괄하는 의미에서 '구성'이라고 번역하였다. 일반적으로 구성주의에서 사용되는 construction이라는 단어는 일반적인 의미의 단순한 구성이 아닌 '비표상적', '생물학적', '시스템적', '재귀적', '창발적'이라는 의미를 담고 있다.

뉴런 양상블(neuron ensemble) : 뉴런들의 병렬적 대화를 통하여 특정한 행동이 결정되는데 이 때 두뇌 속에서 일시적으로 상호관련을 맺는 많은 뉴런들의 집합을 이르는 말이다. 하나의 뉴런 양상블이 우세하게 되면 다음 행동양식, 즉 미시세계가 된다.

미시세계(microworld) : 미시주체들은 각각 서로 다른 미시적인 상황과 관계되기 때문에 이를 미시세계라고 명명한다(참조: 미시주체, 혼란).

미시주체(microidentity) : 바렐라는 특정한 상황에서 행동하는 과정에 대하여 신경세포들의 병렬적 대화와 같은 현상을 통하여 특정한 신경세포들의 우세를 통하여 특정한 행동이 결정되어 실행된다고 설명한다. 이러한 과정에서 각각 행동할 준비가 되어있는 가상적인 주체들을 미시주체라고 명명한다(참조 : 미시세계, 혼란).

복잡계(complex system) :
복잡계란 많은 구성요소들이 그들 사이에 비교적 많은 연관관계를 가져서, 각 구성요소의 행동이 다른 요소들의 행동에 좌우되는 시스템이다.

비단일체적 자아(non-unitary self) : 동양에서 무아나 자성 없는 자아를 의미하거나 서양의 인지과학에서는 자아 혹은 인지를 행하는 주체는 근본적으로 조각으로 흩어져 있다거나 혹은 결합되지 않은 것이라는 개념. 바렐라의 설명에 따르면 특정한 행동이 결정될 때 미시세계들과 미시주체들은 그 어느 것도 하나의 견고하고 모든 것을 통제하는 단일한 자아 속에 함께 들어와 고착된 것은 아니고, 연속적으로 변화하는 유형들의 연속과정에서 떠올랐다가 가라앉는 것이다.

연결주의(connectionism) : 마음을 두뇌와 같은 복잡한 연결망의 작동체계로 간주하고 인지적 행위가 구성요소들의 형식적인 계산이 아니 다른 인과적 상호작용으로 설명할 수 있다고 본다. 분산병렬주의 또는 신경망주의라고도 한다.

인지적 행위자(cognitive agent) : 인지작용을 하는 모든 대상(인간, 생물, 등)에 대한 포괄적 명칭

잉여 의미(surplus significance) : 환경에서 만나게 되는 무엇이든 가치가 있을 수도 있고 없을 수도 있으며 상호작용을 할 수도 있고 그렇지 않을 수도 있다. 개체와 환경의 상호결합적 작용에서 개체 자체의 관점에서 생기는 중요성. 개체와 환경을 결합시키는 사건이 작용하는 지각-운동 단위와 접촉하는 방법과 결코 떼어놓을 수 없고 그러한 접촉은 의도(또는 욕망)를 일으키고 이 의도는 살아있는 인지작용에 특별한 것이다.

즉각적 대응(immediate coping) : 바렐라가 일상적인 윤리적인 행위가 복잡한 윤리적인 추론 없이 자연스럽게 이루어진다는 것을 강조하기 위하여 만든 개념. 인간의 앎은 무엇인지를 아는 것(know-what)과 어떻게 하는지를 아는 것(know-how)으로 구별해야 하며

진정한 윤리적 행위는 어떻게 하는지를 아는 것이다.

즉각적 현재(immediate present) : 미시세계들과 미시주체들의 감각 운동적 정합성 뒤에는 뇌 속에서 일시적으로 상호관련을 맺는 많은 뉴런들의 앙상블이 존재한다. 인지는 한 상태에서 다른 상태로 끊어짐 없이 지속되는 것이 아니라 측정할 수 있는 시간 안에서 나났다가 사라지는 단절된 행동패턴의 연속으로 구성된다. 인간의 두뇌에서 협동을 위한 혼란은 전형적으로 약 2백에서 5백 밀리초 정도 지속되고 이만큼의 시간이 지각-운동체의 현재이다(참고: 즉각적 대응, 미시주체, 미시주체, 즉각적 대응)

창발(emergence) : 관찰되어지는 시스템의 구성요소들을 떼어놓고는 이해할 수 없는 현상이 시스템 전체적으로 나타나는 현상

혼란(breakdown) : 바렐라는 한 상황에서 다른 상황으로 이행하는 순간의 미시세계에 연관된 미시주체들의 혼란스러운 병렬적인 대화의 과정을 혼란이라고 하였다(참조 : 미시세계, 미시주체).